追星的心理分析

◎ 岳曉東 著

U0132404

商務印書館

追星的心理分析

作　　者：岳曉東

責任編輯：蔡柷音

封面設計：張　毅

出　　版：商務印書館 (香港) 有限公司

　　　　　香港筲箕灣耀興道 3 號東滙廣場 8 樓

　　　　　http://www.commercialpress.com.hk

發　　行：香港聯合書刊物流有限公司

　　　　　香港新界大埔汀麗路 36 號中華商務印刷大廈 3 字樓

印　　刷：陽光印刷製本廠有限公司

　　　　　香港柴灣安業街 3 號新藝工業大廈 6 字樓 G 及 H 座

版　　次：2012 年 2 月第 1 版第 1 次印刷

　　　　　© 2012 商務印書館 (香港) 有限公司

　　　　　ISBN 978 962 07 6479 0

　　　　　Printed in Hong Kong

追星的正面心理引導

年輕人為甚麼會崇拜偶像？

為何他們追星如此執着？

怎樣才是理性的偶像崇拜？

這些問題，不僅深深地影響當今的年輕人，也深深地困擾當今的成年人，尤其家長及老師。

2007 年 3 月，來自甘肅省蘭州市的 68 歲楊姓男子在香港尖沙咀天星碼頭投海自斃，原因是劉德華未能滿足其女兒私下見面的請求。這立刻引起了媒體的軒然大波。楊女自 1994 年開始迷戀劉德華，苦追了偶像 13 年，期間既不工作，也不學習。楊父為了成全女兒與偶像見面的願望，不惜傾家蕩產，帶領妻子兒女於 2007 年 3 月 19 日抵港，為的是能與劉德華私會。在劉德華歌迷會的鼎力協助下，楊氏一家被允許參加 3 月 25 日舉辦的劉德華生日會，並與偶像合影留念。但楊家人仍感不滿，提出要讓楊女與劉德華私下聊一聊，卻遭拒絕。

楊父一怒之下，先試圖在樓下阻攔劉德華的專車，後來又趁其妻女熟睡之際，留下給劉德華的遺書，跳海自盡。楊父在遺書中痛罵劉德華："你以為你是誰……你很自私……"

楊氏父女的表現，可謂是典型的"普賽克效應"(the psyche effect) 的結果。他們把偶像過分理想化、浪漫化、絕對化而產生極端行為表現。這正是我對青少年偶像崇拜的最深切理解。

　　其實，"偶像"一詞在《漢語大字典》裏解釋為"泥塑或木刻的人像"，它代表了神明和權威，可保佑人們得到平安和鴻運。而對於當今的少男少女來講，偶像已完全變成人們自我認同和情思切切的對象。

　　根據世界各地的調查表明，當今青少年崇拜的對象，多是歌星、影星和體壇明星之類的社會名人。他們一般都具有氣質獨特、相貌出眾等特點。這些特徵經過商業包裝後，會變得更加光芒四射。而較之那些毫無表情的泥木偶像（如釋迦牟尼、觀音菩薩、四大天王佛像、關公像等），這些明星都是有血有肉的真實人物。人們可以隨時隨地聽到他們的歌聲，觀看他們的畫像，欣賞他們的表演，甚至可以見到他們本人，與他們握手，獲取他們的簽名等。明星雖然也是人，但他們生活的一切已被相當地物質化、商品化了。由此，明星的名字、容貌、髮型、服飾、私隱等都會引人注目，也都具有商品價值。這樣，在少數古代神明漸漸失去其魅力的今天，大大小小的明星便取代他們的地位，成為時尚與美貌的代言人。

　　那麼，偶像是怎樣由神靈人物變成明星人物的？

　　青少年追星，有甚麼社會與心理機制？

　　青少年追星，到底會追多久？

　　偶像與榜樣，到底有甚麼不同？

正是對於這些問題的思索，推動我在過去 10 年中做出大量與青少年偶像崇拜有關的研究。漸漸地，我發現青少年偶像崇拜是人生成長道路中的過渡性現象，有其必然性和自然性的一面，也有其困惑性和盲目性的一面。對此，人們應採取積極認同和正確引導的態度，而非加以生硬的排斥和拒絕。

而這一切，正是本書的寫作動機。

在本書的寫作過程中，我儘量以平白直敍的語言來描述青少年偶像崇拜的種種表現。為增強本書的可讀性和趣味性，還在書中加入了大量的拓展閱讀及一些個人研究結果。希望這些努力能夠增強您對本書的喜愛，最終把它當作一本工具書來經常查閱。

而這一切，正是本書所想解答的問題。

在此，我由衷地感謝我的助手孫珠蓉小姐，她為此書的完成注入了大量的心血，令我深感欣慰。此外，我還深切地感謝商務印書館的編輯蔡祝音小姐，她也對此書的出版付出了大量的心血，亦令我深受感動。

最後我想說，偶像崇拜是每個人心中的一首詩，其最陶醉的讀者，就是作者本人。

是為序。

岳曉東
2011 年冬於香港

目錄

第二章　追星與自信

第三章　追星與依戀關係

第一章

何為追星
為何追

1.1 宋代明星蘇東坡
—— 追星族歷史悠久

　　"明星"一詞在現代辭義中引申為各行業中有名或技巧非常高的表演者，這主要是美國荷里活電影於二十世紀三十年代傳入中國後，實行的明星制在演藝界廣泛推行的結果。那時上海各影院門廳外都掛有中外影星肖像，這是明星在我國開始流行的最初表現。歌舞明星與此同時興起，其後，隨着時裝模特兒表演和體育運動的廣泛開展，明星擴大到演藝界與體育界。至媒體發達的今天，明星進一步擴大到商界、政界、學界中的風雲人物，會聚成一個"滿天明星閃爍"時代。

　　不過，漢語中"明星"這個詞可由來已久了。明星，在古漢語中指明亮之星，亦即太白或金星，例如《詩經·鄭風·女曰雞鳴》："子興視夜，明星有爛。"《爾雅·釋天》："明星謂之啟明"郭璞《爾雅注》："太白星也，晨見東方為啟明，昏見西方為太白。"除此以外，明星在古語中還特指華山仙女。如《太平廣記‧集仙錄》："明星玉女者，居華山，服玉漿，白日升天。"李白《古風》詩早有"西上蓮花山，迢迢見明星，素手把芙蓉，虛步躡太清"的描寫。

雖然明星一詞原本並非指各行業中的名人偶像，但明星人物和追星行為在中國古代卻早已屢見不鮮了，歷史上蘇東坡就是一個受到眾多粉絲追捧的"大明星"。

東坡品牌效應

蘇東坡這位曠世奇才不但在寫文章、書法上才情橫溢，生活細節上也極富創造力，加上他個性風流曠達，頗有時尚明星的風範。因此，他的服飾、食譜等等也跟其文章書法一樣，受到當時國民的廣泛追捧。東坡肉、東坡魚、東坡酒、東坡巾、東坡墨……各種物品都紛紛出現。在十一世紀的中國，上至皇親國戚、達官顯貴，下至鄉民百姓、青樓歌姬，都有大量對蘇東坡這個品牌鍾愛有加的支持者。

一筆一墨競珍藏

當時凡是蘇東坡碰過的東西或曾到訪的地方，如：一張紙、一支筆、一個方台、一座涼亭，都能讓眾人爭購、爭睹，更不要説他的親筆墨寶了。據林語堂先生所著的《蘇東坡傳》記述，蘇東坡做翰林學士的時候，常奉旨於宮中撰寫文書。有一位極為崇拜蘇東坡的人，勤於搜求蘇東坡的字，蘇東坡的每一張短簡便條若由蘇東坡的秘書交給他，他就給秘書十斤羊肉作回禮。東坡已經風聞此事。一天，秘書請蘇東坡回覆友人的口信，東坡已經口頭回覆了。秘書第二次又來請求，蘇東坡説："我不是已經告訴你了嗎？"秘書説："那人一定要一個書面的答覆。"蘇東坡笑着説："告訴你那位朋友，今天禁屠。"

蘇東坡謫居黃州（今湖北省黃岡市）時，常於宴飲之時作書畫贈人。營妓中有一位叫李琪，她聰慧過人、知書達理，不過膽小覷覷，始終沒有得到蘇東坡賞賜的墨寶。蘇東坡要調離黃州時，太守設宴踐行。李琪知道這個機會再不可錯過，於是等蘇東坡酒至半酣，便捧着酒杯跪拜堂前，拿出自己的隨身汗巾求賜墨寶。蘇東坡熟視良久，令李琪研墨，墨濃，取筆在汗巾上寫道："東坡七載黃州住，何事無言及李琪？"寫完這兩句，即擲筆袖手，與賓客談笑，卻沒了下文。在場賓客非常奇怪，只是不便過問。李琪可真急壞了，再次跪拜，蘇東坡大笑着又寫了兩句："恰似西川杜工部，海棠雖好不留詩。"書畢，在座賓客皆擊節讚歎。

蘇東坡的業餘愛好非常豐富，但絕非樣樣精通，即使如此，仍然有不少人仿效。蘇東坡愛吃的肉、喜歡的魚，馬上就變成大眾招牌菜。據説當時黃州有位教書先生，他説他對蘇東坡十分崇拜，有人問他，崇拜蘇東坡甚麼？喜歡他的詩詞，還是喜歡他的書法？教書先生説："我喜歡吃東坡肉！東坡肉燉的很爛，酥而不膩，肥而不爛，真是好吃極了！"蘇東坡的帽子樣式，一時間也成了"流行時裝"，被士人百姓親切的稱為"子瞻帽"。又據林生介紹，蘇東坡謫居海南時，製墨家潘衡來訪。因為物資缺乏，兩人就燒松脂製煙灰，混合牛皮膠做墨。這次嘗試不成功，還差點兒把房子燒掉。可是潘衡回鄉後，就是打着蘇東坡製墨秘法的招牌，賺得盆滿缽溢。對於此事，蘇東坡的兒子蘇過也只能搖頭苦笑。

千難萬險勤探望

蘇東坡常年過着貶謫流亡的生活，而且所居之地的環境一處比一處艱苦。若非眾多粉絲的接濟和探望，即使再樂觀曠達，恐怕也熬不過如此漫長的歲月。

蘇東坡被貶至惠州時，當地東、西、北三面共五個縣的太守，就如同東坡粉絲團一般，不斷給他送酒送食物。蘇州有一個姓卓的佛教徒可以算是蘇軾粉絲的中堅分子了，他願意步行七百里，替蘇軾遞送家書。當時蘇東坡的兩個兒子住在宜興家中，十分掛念父親安危，這名卓粉絲聽說後立即表示："這很容易！惠州不是在天上，是不是？若是走路，總可以找得到。"卓粉絲便步行出發，走上這條漫長的道路。他橫越大庾嶺，走得滿臉紫褐色，兩腳生了厚繭皮，最後終於見到蘇東坡。另一個蘇東坡的同鄉道士陸維謙，不辭兩千里之遙，特意去探望他。只因蘇東坡寫信給陸維謙時，開玩笑說發現了一種極不尋常的"桂酒"，嚐上一口足以抵他迢迢千里跋涉之勞，陸粉絲果然就去了。

若論蘇東坡眾多粉絲中與他交情最深的，不得不提到與"東坡"之號頗有淵源的馬夢得。不管蘇東坡官居高位還是蒙難受貶，馬夢得幾十年來始終陪伴着蘇東坡，歷盡人生苦甜。蘇東坡曾經幽默地說，若說他這個朋友跟着自己是想發財致富，那就如同在龜背上採毛織毯子一樣。他在詩裏歎息："可憐馬生癡，至今誇我賢。"東坡另一位至交是陳慥，蘇東坡早年為官曾和陳父意見不合，終致交惡，但這並未影響陳慥對蘇東坡的欽佩之情。在蘇東坡貶居黃州的時候，陳慥在四年內曾探望他七次。

此外，蘇東坡在黃州時，四川眉州有一位東坡的同鄉名叫巢穀，他特意到黃州，做東坡孩子的塾師。巢穀堪稱蘇東坡的"死忠"粉絲！多年之後，蘇軾、蘇轍兩兄弟被貶至嶺南和海南，親朋好友都有所顧忌而有意疏遠。巢穀卻聲稱要從眉州徒步尋訪蘇軾兄弟二人，當時聽到的人都笑他癡狂。但巢穀不畏路途遙遠，先到循州找到了蘇轍，又不顧蘇轍勸阻，和自己七十三歲的高齡，隻身奔赴海南探望蘇軾。可惜他中途暴斃身亡，無法實現他那"死無恨矣"的最後心願。蘇軾兄弟有感巢穀的殷殷情意，都為他作傳以紀念這位好朋友。

神魂顛倒癡心醉

若説上述的朋友對蘇東坡的熱情源自多年交往的深厚友誼，以下還有一些粉絲則是徹徹底底被蘇東坡的明星光環所傾倒。

有一位名叫黃寔的人，他説自己平生有兩件事情感到很欣慰，其中一件就是一次在旅途上送贈蘇東坡兩瓶酒和一盒酥餅。當時正值元豐年間，他任淮東常平倉提舉時，除夕夜泊船汴口，看見蘇東坡手拄拐杖，站立在對岸，看來在等人。黃寔於是划船過去，贈送蘇東坡揚州特產廚釀兩瓶和雍地特產酥餅一盒。

另外一位叫章元弼的書生，他相貌醜陋，但卻豔福不淺，娶了位花容月貌的妻子。他還特別喜愛讀書，愛讀蘇軾文集 ——《眉山集》，甚至讀至通宵達旦，廢寢忘食。他的漂亮妻子見丈夫只顧看書不理自己，發了幾次脾氣，但是都沒有用，終於提出離婚。這章元弼倒爽快，馬上就答應了。後來他常常跟朋友說：「這都是我太愛讀《眉山集》的緣故。」

蘇東坡《惠崇春江晚景》詩云：「竹外桃花三兩枝，春江水暖鴨先知。蔞蒿滿地蘆芽短，正是河豚欲上時。」這是一首題畫詩，但從中可以看出蘇東坡喜歡吃河豚魚。當他在江蘇廣陵的時候，有位善於烹製河豚的廚娘知道他有此一好，就邀請他到家中吃河豚。蘇東坡吃河豚的時候，那一家大小粉絲都躲在屏風後窺看，希望蘇東坡讚揚一下。沒想到蘇東坡只是埋頭吃魚，默不作聲。正當廚娘感到鬱悶，蘇東坡忽然放下筷子，大叫道：「也值一死！」全家上下都高興得不得了。

引來眾女子傾慕

自古女貌愛才郎，蘇東坡的才情引得眾多女子都傾慕不已，尋求各種各樣的機會向蘇學士表白。

據宋朝袁文《甕牖閒評》記述，蘇東坡任杭州通判的時候，和劉貢父兄弟（劉敞、劉攽）遊西湖。忽然，有一位女子划着小船前來，自我介紹：「我一直愛慕您的大名，可惜沒有機會見到您，現在已經嫁為人妻。聽說您來遊湖，我就不惜現身，來表達一向以來的愛慕之情。我想獻上一首曲子。」當時蘇東坡就為她作了一首《江神子》的詞。

《古今詞話》轉引了龍輔《女紅餘志》裏的一段傳聞，惠州溫氏有個女兒叫超超，到了出嫁的年齡，還是不肯嫁人。她聽說蘇東坡到了惠州，就高興地說：「那是我的丈夫。」她每天悄悄跑到蘇東坡窗外，聽東坡先生吟誦詩詞，被蘇東坡發覺後就匆匆跑開。蘇東坡了解情況後，就想介紹一位才貌雙全的王郎與她結成眷侶。不料，蘇東坡突然再遭打壓，貶至海南。等他回到惠州時，多情的超超已經不在人世，被埋葬在一處沙丘旁邊。蘇東坡於是為她作了一首《卜運算元》，詞曰：「缺月掛疏桐，漏斷人初靜。時見幽人獨往來，縹緲孤鴻影。驚起卻回頭，有恨無人省。揀盡寒枝不肯棲。寂寞沙洲冷。」如果傳說屬實，那麼這位超超小姐可算是對蘇東坡最癡情的女粉絲了。

百姓帝王皆崇敬

蘇東坡的個人魅力可謂穿越時空，跨越階層。他的粉絲有鄉野村夫、市井小民，也有青樓歌伎、才子文人，也不乏士族顯貴，甚至帝王將相。

蘇東坡在徐州的時候，一晚夜宿彭城燕子樓。當晚他有感而發，作下《永遇樂》（明月如霜）這首詞。據説幾天後他將這首新作請朋友賞析，卻意外得知這首詞已經傳遍了徐州全城。經查方知是一位巡邏燕子樓的老兵流傳出去的。那位老兵原本粗通音律，夜晚巡邏聽到蘇東坡吟唱，就默默記誦下來了。由此可見，當時社會對蘇東坡新作追捧之甚。

宋代曾敏行《獨醒雜誌》記述，宋徽宗建中靖國元年（西元 1101 年），蘇軾父子及隨行來到南雄大庾嶺。他們在嶺頭一家小客店稍作休息，店主是一位年逾七十的老翁。老翁問蘇東坡的隨從：「這位官人是誰？」吏卒答曰：「翰林學士蘇軾。」老翁聽了不敢相信，又問：「真的是蘇子瞻先生麼？」隨從點頭稱是。老翁趕忙上前激動得連連作揖，説：「我聽説那些奸臣對你百般迫害，以為你謫居蠻荒難以生存，今天竟然看到你可以活着回來，真是上天保佑好人啊！"蘇軾被這嶺上老人的一片癡情深深感動，當即便寫了一詩贈送給他，題為《贈嶺上老人》，詩云："鶴骨霜髯心已灰，青松合抱乎親栽。問翁大庾嶺頭住，曾見南遷幾個回？"

蘇東坡為官時的神宗、哲宗皇帝也都是他的粉絲。據《宋史》記載，宋仁宗主持殿試批閱考生文章之後，回到宮中興奮地對皇后說："吾為子孫得兩宰相！"所指正是蘇軾和蘇轍兩兄弟。宋神宗支持變法，蘇軾與其意見相左，加上經常有蘇軾的政敵進諫讒言，因此神宗對他多有不滿。但這絲毫沒有影響宋神宗喜愛蘇軾詩詞的心。有一次當他讀到"瓊樓玉宇，高處不勝寒"一句，神宗感歎道："蘇軾終究是愛戴君王的。"此時，蘇軾因罪被貶為黃州團練副使已五年，神宗馬上降旨將蘇軾由黃州調到離開封較近的汝州。此外，據說宋神宗的近侍曾經透露，每當看到神宗"舉箸不食"，那一定是在品讀蘇軾的詩文。宋人王鞏在《隨手雜錄》記載，蘇東坡在杭州的時候，有太監奉命到杭州辦事。臨走時，使者悄悄交給蘇東坡一包東西。原來是宋哲宗密賜的一斤貢茶，紙包上還有宋哲宗的親筆封題。

此外，後宮的皇太后和皇后妃嬪中也不乏蘇東坡的粉絲。元豐年間發生"烏台詩案"的文字獄。審理期間，蘇軾下獄，神宗皇帝因此連日悶悶不樂。慈聖曹太皇太后問神宗原因，神宗告以實情。太皇太后聽後痛哭，搬出了當年仁宗"吾為子孫得兩宰相"的祖訓為蘇東坡説情，神宗也甚為感動，決定從輕處理。

更誇張的是，蘇東坡的粉絲不限於大宋朝疆域之內，連外國也有。蘇轍曾出使遼國，遼人常常向他打聽蘇東坡的情況，要他代為問好。蘇轍因此在寫給哥哥的詩信中有這樣兩句：「誰將家譜到燕都，識底人人問大蘇。」當時高麗國（今韓國）也有蘇東坡的粉絲，有人為了表達對蘇軾兄弟的景仰之情，甚至取名為金富軾、金富轍。

朝中士大夫有不少跟蘇東坡政見不合，即使如此，蘇東坡博學多才、坦蕩大氣，也贏得王安石這樣的新法領袖的嘖嘖讚歎。在一次聚會中，蘇軾對王安石身邊的學生葉致遠說：「那些自稱是學荊公的人，哪裏有荊公這樣博學！」王安石目送蘇軾離去時，對身邊的人歎息說：「不知要過幾百年，才能再有這樣的人物！」

總而言之，無論是朝中還是鄉野，蘇東坡的粉絲遍及天下。龐大的粉絲團，正是對蘇東坡學識才華和個人魅力的肯定，也是他多年來應對人生跌宕和艱辛逆境的精神支柱。

中國古代明星和追星族

潘安 —— 擲果盈車

潘安，西晉時河南人氏，表字安仁，小字檀奴。其人"姿容既好，神情亦佳"。潘安年輕時，坐車到洛陽城外遊玩，當時不少妙齡姑娘見了他，都會怦然心動給他一個"回頭率"[1]，有的甚至忘情地跟着他走。因此常嚇得潘安不敢上街。有些懷春少女難以親近他，就向他投擲水果引他注意，每每令他滿載而歸，於是民間就有了"擲果盈車"之說。以至後世文學中潘安的小字"檀奴"或"檀郎"也成了俊美情郎的代名詞。

潘安不僅長了一張錦繡皮囊，還寫得一手錦繡文章，從小便顯露出其文學天賦，被鄉里稱為"奇童"。二十來歲時，晉武帝司馬炎一天突然興致勃勃，下鄉耕田，大夥紛紛寫馬屁文章，頌讚一番。結果只有潘安的賦作寫得最好。眾大臣對此嫉妒得要死，立即將他趕出朝廷。賦閒十年後，潘安被重新錄用。他先後當了河陽縣、懷令縣的縣太爺，頗有政績。這位風雅縣令在河陽縣種遍桃樹，時人號稱"一縣花"。

衛玠 —— 看殺衛玠

衛玠是歷史上唯一因為太帥而被人"看"死的美男子。《晉書・衛玠傳》："京師人士聞其姿容，觀者如堵。玠勞疾遂甚，永嘉六年卒，時年二十七，時人謂玠被看殺。"

衛玠，表字叔寶。關於衛玠的美，《晉書》裏以"明珠"、"玉潤"等用詞來形容他，他為人喜怒不表於形，是個面無表情的玉人。他自幼風神秀異，坐羊車在洛陽街上行走，遠

1　回眸。

遠望去，就如白玉雕的塑像，當時被稱為"璧人"。洛陽居民傾城而出，夾道觀看此小璧人。這位玉人除了外貌俊秀，還能言善辯。當時盛行清談，他們都愛手裏拿着麈尾，悠雅地侃侃而談。

衛玠的美不僅能征服女子，就連男人看了也怦然心動。某年衛玠與母親去舅舅家串門，這位平日自命風度翩翩、相貌英俊的驃騎將軍舅舅，看了這位素未謀面的外甥竟然呆了，哆嗦着說："珠玉在側，使我形穢！"隨後他每天帶着衛玠四處遊玩，還常常說："與玠同遊，好似明珠在側，朗然照人。"這些話傳開了，衛玠就多了一個名字——"玉潤"。

後來，八王之亂把西晉政權鬧成一團糟，胡人勢力乘機進入中原，天下大亂。衛玠費盡口舌說動母親南下，他們一家人跑到江夏（今武漢）。征南將軍山簡竟然趕快來搶這個鑽石王老五，把愛女嫁給他。衛玠帶上新婦又往東行，來到了大將軍王敦鎮守的豫章（今南昌）。

王敦見他一表人才，能說會道，所以很器重他。但衛玠並不買賬，他覺得此人野心勃勃，久必生亂，不可依附，所以再次投奔東晉都城建業（今南京）。建業的官員久聞衛玠豔名，立即答應予以重任。江東百姓聽說來了個大明星，人山人海地圍觀，擠得衛玠舉步艱難，令他一連幾天都無法好好休息，這個體質孱弱的美少年終於累極而病，更因此病逝。

追星自古有之，像"潘安擲果"、"看殺衛玠"這樣的事情歷朝歷代都有發生。由此可見，追星並不僅是現代商業社會和娛樂圈的產物，也是一種自古就有的瘋狂行為。值得注意的是，古今的追星例子相比，其本質卻不同，古代追星更多是以個人的才學、談吐、個性等內在氣質吸引人，而現今的偶像則更多以相貌、身材、裝扮等外在氣質吸引人。

1.2 東坡迷上白居易
—— 偶像的偶像

元豐三年（1080 年），蘇軾因"烏台詩案"而謫居黃州，始號"東坡"。從此以後，人們可以不知蘇軾，但不可不知"東坡"。蘇軾是怎樣取得此雅號呢？直至近來拜讀南宋學者洪邁的《容齋隨筆》方才大悟，原來這個雅號來自白居易的詩文。

換句話說，蘇東坡其實是白居易的超級粉絲！

蘇軾緣何號東坡？

洪邁在《容齋隨筆》中曾對此進行專門考證，題為《東坡慕樂天》。"樂天"就是唐朝著名詩人白居易。白居易，字樂天，號香山居士。他是杜甫之後最為著名的現實主義詩人，有"詩魔"和"詩王"之稱。白居易的詩作流傳下來的多達三千首，其實他一生所寫的，決不止這個數目。他的詩歌以平易通俗、質樸明直見長，一般讀者容易接受，另一位詩人元稹曾說："樂天《秦中吟》、《賀雨》、《諷諭》、《閒適》等篇，時人罕能知者。然而二十年間，禁省、觀寺、郵侯、牆壁之上無不書，王公、妾婦、牛童、馬走之口無不道。"白居易的詩非常普及，一般百姓，甚至其他國家人士也能傳誦，讀者羣的廣泛程度可以說是空前未有的了。由於他肯學習民間的語言，不避俚俗，所以當時文化水平低的王公、妾婦、牧童和馬夫等都能讀。宋人王安石更說："天下俚語被白樂天道盡。"

那麼，白居易的"東坡"兩字又是出自何處呢？

白居易生活在唐朝日趨衰敗之際，他身為諫官，面對宦官擅權、藩鎮割據、朝綱腐敗，常以詩歌針砭時弊，後被降職為江州司馬，又遷為忠州（現重慶市忠縣）刺史。白居易謫居忠州刺史時，身處逆境卻自強不息，他見縣城的周圍山崗滿目荒蕪，感慨之餘，揮毫寫下了"巴俗不愛花，竟春人不來"的詩句。

此後，白居易經常微服出訪，以平民身分，説服百姓栽樹種花，並親自到城東的一片坡地和百姓一起栽種。為了記述這段事蹟，白居易還作了《東坡種花》二詩："持錢買花樹，城東坡上栽。"又云："東坡春向暮，樹木今何如？"在他的宣導下，忠州境內父老無不爭相栽樹種花，不到幾年已綠蔭一片，改變了窮山禿嶺的面貌。樹木成林後，白居易喜悦之情躍上眉梢，早晚漫步期間，寫了很多寄情於山水、樹木的閒適詩。後又著《步東坡》詩："朝上東坡步，夕上東坡步。東坡何所愛？愛此新成樹。"及《別東坡花樹》詩："何處殷勤重回首？東坡桃李種新成。"白居易與"東坡"結下了不解之緣，後人亦將"東坡"作為白居易的代名詞。

白居易對忠州的綠化工作非常滿意。他後來調任杭州刺史，剛一到任，就率領民眾在西湖築了一道長堤，蓄水灌田。這便是有名的"白堤"，白居易和百姓一起在堤上栽種了許多柳樹。他在蘇州更親手種過許多檜樹，被當地百姓親切地稱為"白公檜"。

蘇東坡的狂迷舉動

蘇軾謫居黃州期間，簡直成了白居易的超級粉絲。他跟白居易擁有共同經歷和遭遇，因此對白居易有一種強烈的認同感，曾極力仿效白居易。正如洪邁在《容齋隨筆》所言：“蘇公在黃，正與白公忠州相似”。南宋文學家周必大在其著作《二老堂詩話》載：“白居易為忠州刺史，有《東坡種花》二詩，又有《步東坡》詩云：朝上東坡步，夕上東坡步。東坡何所愛，愛此新成樹。本朝蘇文忠公不輕許可，獨敬愛樂天，謫居黃州，始號東坡，其原必起於樂天忠州之作也。”北宋詩人王直方在其著作《王直方詩話》亦載：“東坡平日最愛樂天為人，故有詩云：‘我甚似樂天，但無素與蠻’。又：‘我似樂天君記取，華顛賞遍洛陽春。’又：‘他時要指集賢人，知是香山老居士。’又：‘定似香山老居士，世緣終淺道根深。’”可見白居易對蘇軾影響極深。

白居易的一生分為兩個階段：被貶江州司馬之前，是他“志在兼濟”的時期，推動新樂府運動，主張興利除弊；被貶江州司馬之後，是其“獨善其身”階段，沉重打擊使他對自己進行反思：“揉和儒家的‘樂天知命’、道家的‘知足不辱’和佛家的‘四大皆空’來作為明哲保身的法寶。”白居易繼承陶淵明的風骨，提出“中隱”思想，詩曰：“大隱住朝市，小隱入丘樊。丘樊太冷落，朝市太囂喧。不如作中隱，隱在留司官。似出複似處，非忙亦非閒。”這是一種不繫於外物、超然曠達的為官之道。雖然身處政治風波，於宦海浮沉，但心態卻始終祥和平靜。外在的政治需求與內在的精神需要相平衡，共適共處。

白居易的中隱之道，後來被蘇東坡發揮得淋漓盡致。蘇東坡的一生也可以分為兩個階段，“烏台詩案”之前的他愛為民請命、上書直言；蒙受不白之獄，又連遭貶謫後的他對官場心灰意冷，也如白居易般追求儒、道、釋融合的超然境界。初到杭州時，他在《六月二十七日望湖樓醉書·其五》一詩中寫到："未成小隱聊中隱，可得長閒勝暫閒。我本無家更安往？故鄉無此好湖山。"幽默感和曠達之心，給了他面對現實的平靜情緒。

白居易繼承了陶淵明的思想和詩風，蘇東坡也跟着對陶淵明崇拜不已。思想上，他與陶淵明、白居易一脈相承。《和陶答龐參軍》詩曰："吾生一塵，寓形空中。"《和陶歸園田居》曰："以彼無盡景，寓我有限年。"《和陶貧士》曰："吾以旦暮心，惜此須臾暉。"這種現實主義的態度，蘇軾是從陶淵明那裏學來的。《哨遍》正是蘇軾對陶淵明《歸去來兮》辭的改編："……歸去來兮，我今忘我兼忘世。親戚無浪語，琴書中有真味……"從詩風上，蘇軾學習白居易通俗暢快的語言風格，有"元輕白俗"之論[2]。

蘇東坡還經常為白居易辯護說詞，雖然二人處於年代相差兩百年，卻可說蘇東坡是不折不扣的"替古人擔憂"了。例如，白居易曾經反對武力削藩，有違唐朝忠義之士的主張。蘇軾就在《白樂天不欲伐淮蔡》中憤憤不平地說："白樂天豈庸人哉！然其議論，亦似欲置之者。其詩有'海圖屏風'者，可見其意。且注云：'時方討淮、蔡叛。'吾以是知仁人君子之於兵，蓋不忍輕用如此。淮、蔡且欲以德懷，況欲弊所恃以勤無用乎？悲夫，此未易與俗士談也。"

2　"元輕白俗"中，元為元稹，白為白居易。

友人贈地稱東坡

蘇東坡在黃州，俸祿減了一半，而家中人口又多。為了維持生計，他不得不把每月的四千五百錢，分為三十份，每份用麻繩穿起來掛在樑上，每天早上取一串錢下來，交給妻子王閏之安排一日三餐。

這時，蘇軾的故友馬夢得（字正卿）專程從揚州來看望蘇軾，當他目睹"先生窮到骨"的生活，不禁心酸難過，便找昔日同窗黃州太守徐君猷，求他將臨皋亭下過去駐兵的數十畝荒地撥給蘇軾開墾耕種，以解決吃飯問題。徐太守欣然應允，蘇軾十分感激，給馬正卿寫了一首詩，以示謝意："馬生本窮士，從我二十年。日夜望我貴，求分買山錢。我今反累生，借耕輟茲田。刮毛龜背上，何時得成氈。可憐馬生癡，至今誇我賢。眾笑終不悔，施一當獲千。"

鑒於自己一向敬慕白居易，而眼下的境遇又跟白居易十分相同，所以蘇軾決定將這塊地命名為"東坡"，自號"東坡居士"。他還在東坡上築室，取名為"雪堂"，並親自寫了"東坡雪堂"的匾額。洪邁在《容齋隨筆》中曾說："詳考其意，蓋專慕白樂天而然。"從此，蘇東坡就成為了比蘇軾響亮得多的名號。

元豐八年（1085 年），蘇軾出任杭州知州。到任以後，他又仿效白居易，在疏浚西湖的同時，用挖出來的葑土淤泥築成一條長堤，以溝通西湖的南北。從此"六橋橫絕天漢上，北山始與南屏通"。為了紀念蘇軾開發江南，作出貢獻，後人將此堤稱為"蘇堤"。而"蘇堤春曉"至今仍是西湖勝景之一。

蘇東坡對白居易的仰慕之情如滔滔江水連綿不絕，不但在處事為人上仿效，在自己的詩作中經常提及自己的偶像，總結如下：

蘇軾詩作中提及白居易之處

《贈寫真李道士》	他時要指集賢人，知是香山老居士。
《贈善相程傑》	我似樂天君記取，華顛賞遍洛陽春。
《送程懿叔》	我甚似樂天，但無素與蠻。
《入侍邇英》	定似香山老居士，世緣終淺道根深。
《入侍邇英》跋	樂天自江州司馬除忠州刺史，旋以主客郎中知制誥，遂拜中書舍人。某雖不敢自比，然謫居黃州，起知文登，召為儀曹，遂忝侍從。出處老少，大略相似，庶幾複享晚節閒適之樂。
《去杭州》	出處依稀似樂天，敢將衰朽較前賢。
《去杭州》序	平生自覺出處老少粗似樂天。

誰是李白的粉絲

　　李白是唐代詩壇上的一顆巨星，被歷代文人稱為"詩仙"，杜甫的詩曾寫到："筆落驚風雨，詩成泣鬼神"，就是對李白詩歌的成就，十分形象地表現出來。除此之外杜甫的《贈李白》："秋來相顧尚飄蓬，未就丹砂愧葛洪。痛飲狂歌空度日，飛揚跋扈為誰雄。"是在他與李白交往的早期便已寫成。短短二十八個字，寫盡了李白的精神、神態、性格和嗜好，是一幅形神兼備的"詩仙"李白畫像。

　　魏萬，又名魏顥，與李白屬相同時代，非常崇拜敬慕李白，曾於《金陵酬翰林謫仙子》中寫到："長卿慕藺久，子猷意已深，平生風雲人，暗合江海心"，魏顥稱李白為"翰林謫仙子"，魏解釋自己就像司馬相如慕藺相如之為人，像王子猷憶戴安道一樣，長久地傾慕李白，認為李白平生行事為人，頗與自己"暗合"。魏顥為了能見到心目中的"謫仙"，他"云自嵩、宋沿吳相訪，數千里不遇，乘興遊台、越，經永嘉，觀謝公石門，後於廣陵相見"（李白《送王屋山人魏萬還王屋》）。在交通不發達的唐朝，魏顥花了半年多時間，走了數千里冤枉路，終於見到偶像一面，這份死心塌地，相信令現今粉絲汗顏。

　　杜甫，曾跟李白見過一面，後來寫了很多想念李白的文章，甚至說他"世人皆欲殺，吾意獨憐才"。他對李白的崇拜和景仰之情，更是溢於言表，躍然詩中。

　　韓愈，他寫過一首《調張籍》詩："李、杜文章在，光焰萬丈長，不知群兒愚，那用故謗傷。蚍蜉撼大樹，可笑不自量。"顯然，他對李白是十分尊崇的。

　　到了宋代，歐陽修較喜愛李白，而王安石較喜愛杜甫，兩人曾因此有過爭論。

　　明代，提倡詩必盛唐的前後七子，他們詩學杜甫，對李白同樣讚賞備至，李攀龍、王世貞、謝榛對此都有所論述。

四大才子中，力求擺脫復古束縛的祝允明、唐寅，都非常推崇李白的詩作。

看來李白早已成為歷史長河中的一顆璀璨星星！成為詩人和讀書人的偶像！

部分摘編自：《新世紀週刊》，2006 年第 30 期，《粉絲考》

點評：

自古以來，崇拜偶像就是一種力量、熱情和瘋狂。它足以使人放棄所有，癡迷地投入到一場無盡的追逐中。而一旦偶像在崇拜者心目中佔據絕對地位時，心靈會時刻被撼動，感染。所以，無論是古代的李白，還是現今的超女，崇拜偶像都是人類亙古不變的話題。

1.3 明星商品化
—— 現代明星點評

在古代，知識流通和傳播媒介不發達，可供人們供奉的偶像多為神仙或英雄人物，數量較少，例如：黃帝、孔夫子、關公、釋迦牟尼、觀音菩薩、玉皇大帝、王母娘娘、太上老君及大大小小的土地爺、財神爺、媽祖、黃道婆、黃大仙、二郎神等。這些偶像都是人們世代供奉的神明和人物。

隨着科技不斷進步，特別是電子媒介的蓬勃發展，偶像崇拜出現了本質性的變化，此舉越來越成為人類自我意識的產物，變得情緒化、平民化和生活化。特別是現今經傳媒大量炒作的所謂"偶像"，已不再只限神明和權威人物，反而主要以利益和利潤當頭，蓋過了該人物的才能和本質。例如，籃球明星米高佐敦這個名字不僅意味着他的高超球技，表示其"空中飛人"的美譽，它也意味着高消費產品和名牌效應。

現今社會的青少年要從自我的迷茫狀態中走出來，需要透過認同一些成年或同齡人中的偶像人物，來確認自我價值。因此青少年追星具有明顯的年齡和過渡特徵。此種現象有別於恐懼某些超自然力量或人物、因敬畏與服從而生的宗教偶像崇拜、信服及順從某些領袖人物或政治偶像 [3]。

3　孟繁華：《眾神狂歡 —— 當代中國的文化衝突問題》，今日中國出版社，1997年版。

三星崇拜的迷亂

青少年對敬仰人物熱烈迷戀和追逐時，都表現得相當狂熱、盲從和缺乏獨立自主精神。那麼，現今青少年愛崇拜甚麼類型的偶像呢？簡單說來，就是"歌星、影星、體壇明星"之"三星人物"為主體的明星偶像。

在美國，學者李維（Emanuel Levy）的調查表明[4]，影星佔據了美國年輕人追星人物的主導位置。還有許多青年人把搖滾歌星視作自己的"絕對英雄"。另外兩位美國學者亞當斯‧普萊斯（Adams-Price）和格林（Greene）[5]曾要求60位5年級、8年級和11年級的美國學生，描述自己最喜歡的名人以及他們想與這些名人建立甚麼樣的關係。從調查資料所得，他們鑒別出兩種依戀偶像的類型：浪漫式依戀（romantic attachment，希望成為該名人的戀人）和認同式依戀（identificatory attachment，希望自己成為如該名人那樣的人物）。

在香港，學者鄭相德[6]比較77位16歲以下的影迷俱樂部學生和128位同齡的非影迷俱樂部學生，測量他們的自尊和自我評估程度。結果表明，與非影迷俱樂部的同伴相比，影迷俱樂部成員的自尊較低，但是更具正面的自我價值。據此推測，參與影迷俱樂部的活動可讓青少年有相對穩

4   Emanuel, L (1990). Social attributes of American movie stars. *Journal of Media, Culture and Society,* 12, 247-267.

5   Adams-Price, C., and Greene, A. L. (1990). Secondary attachment and adolescent self-concept. *Sex Roles,* 22, 187-198.

6   Cheng, S. T. (1997). Psychological Determinants of Idolatry in Adolescents. *Adolescence,* 32, 687-692.

定的同伴關係、地位尊重和價值參考，令他們相對提高自我正面價值，更相信自己。特別是對較為敏感的青少年來說，這種影迷俱樂部更能突顯自我確認的作用。城市大學學者陳永泰及張宙橋等[7] 在 1997 年對 2500 名香港的青少年進行調查，發現以偶像作為其道德判斷標準的青少年可能會發生過失行為，他們不喜歡接受正面道德觀，而且缺乏解決問題的自信心。

虛幻的遙親感

這些調查表明，青少年時期追星，可導致他們對偶像過分認同和依戀，卻可以補償青少年在成長時期，成為個體的過程中出現的一種遙親感（remote intimacy），以補償不再依賴父母而產生的情感真空。遙親感是青少年對偶像建立的一種特殊的情感依戀。它是一種間接的、虛幻的、非接觸性、非互惠性、非對等性、一廂情願式的情感交流，完全是一種自我陶醉式的情感體驗。這種遙親感被過於理想化或浪漫化，使青少年對其偶像想入非非，產生種種不切實際的幻想。

就其社會影響來說，"三星崇拜"的存在主要是大量新聞炒作和商業包裝的結果，即每位明星的出現都包含一定的傳媒和商業利益。從實際情況來看，青少年追星多傾向具有"流行"特徵的人物形象，有時甚至傾向消極、負面的形象特徵。

7　Chan, W.T., Cheung, C.K., Lee, T.Y., Leung, K.K., and Liu, S.C. (1997). *Moral values of youth in Hong Kong.* Hong Kong: Department of Applied Social Studies, City University of Hong Kong.

大陸學者薛曉陽[8]指出，現今明星文化的特點是"流行性"、"青春性"和"情感性"。青少年追星時，或包含一些價值投射，但其崇拜方式主要是對偶像外貌形象的欣賞與模仿。他們重視外貌形象，因為能與他們產生共鳴。

　　"三星崇拜"是一種直觀、非理性、神秘和神聖化的社會認知，主要有直接模仿、全盤接受、沉湎式依戀等特點。它可導致青少年因過分神化和迷戀其崇拜人物而產生浪漫幻想、進行明星消費、低自我信念、為滿足虛榮和出現自我迷茫等不良現象。它還可使青少年產生某種超現實的自我情感體驗，排斥現實生活，迷戀或嚮往遠離現實的人格形象和生活方式。

　　總之，無論在香港，或是在中國大陸，"三星崇拜"的出現絕非偶然，它既是現今社會商業文化充斥的結果，也是青少年發展過程中的必經階段。其實，青少年在其成長、個體化過程中，將其對父母的愛轉向對他們更具感召力和浪漫性的偶像人物身上，把他們當作偶像，而認同自我。在這層意義上，青少年追捧偶像行為，可謂某些特定年齡階段心理發展的"附屬品"，它的產生具有必然性、過渡性和時代性之特點。

8　薛曉陽：《像教育：教育理論的新概念》，《教育評論》，1997年第1期，頁22-25。

日韓的偶像工業

　　日本的偶像工業在娛樂經紀公司及唱片公司的一手策劃下，已經形成了"粉絲經濟產業鏈"。偶像除了出唱片、演出、當廣告代言人之外，各類粉絲組織的收入也是公司收益的重要來源。日本最大的經紀公司之一尊尼事務所（Johnnys 事務所）壟斷了大部分日本當紅藝人，如：瀧澤秀明、木村拓哉、Kinki Kids、V6、SMAP、嵐等。藝人官方歌迷會會費收入是尊尼事務所賺錢最多的一項，旗下藝人都擁有自己的歌迷會。會員參加歌迷會不能互通，如果你喜歡兩個或以上的藝人或團體，就得多次支付入會費。由於尊尼事務所旗下藝人的演唱會只對會員開放，所以歌迷如果不入會，就沒有購買門票的資格。他們在日本約有 160 萬會員，單單會費每年便進賬效約 70 億日元。

　　此外，會員每年還須繳交 1000 日元的年費，可是福利卻極少。會員除得到會員證、一年四期薄薄的會刊，就只有參觀節目錄影、參加尊尼運動會及優先購買明星演唱會等各項表演門票的權利。但是購買門票沒有折扣，也不能保證會員一定能買到門票。每當舉辦藝人演唱會，尊尼會去信通知會員，並請會員回函，購買門票的要附上票款。但是，因會員實在太多，門票需經過抽籤，抽中的機會率並不大。如果不被抽中，門票費用會退回給會員，但必須扣除 3% 手續費，這對尊尼來說當然是穩賺不賠的。

　　韓國參照日本偶像工業的成功經驗，形成了獨特的粉絲經濟。在韓國，當紅藝人都有各種各樣的歌迷會。但是公認的官方歌迷會只有一個。以"東方神起"為例，"東方神起"的歌迷會叫"Cassiopea 歌迷會"，由藝人所屬的韓國 SM 娛樂公司負責管理，歌迷會的會長、副會長、幫助會長和副會長的中等職位的會員由歌迷組成。他們有一套與日本歌迷組織相近的收費機制，歌迷會收入在經紀公司或唱片公司全年收益中同樣佔據相當大的比例。有意思的是，韓國的粉絲對官方粉絲組織非常忠誠，比如"東方神起 Cassiopea 歌迷會"的成員會驕傲地稱自己是 Cassiopea，並告誡其他歌迷，沒有參加歌迷會的人只能把自己叫做"東方神起歌迷"，而不能說自己是 Cassiopea。

來源：《新世紀週刊》，2006 年第 30 期，《粉絲中有經濟》

點評：

偶像是工業，粉絲是經濟。在現今的商業化社會中，只要有利潤，就會有人追捧。經紀公司盡力包裝明星，為的是使偶像成為受歡迎的商品。不過，一位偶像完全成為一件商品，它不僅是偶像的陷阱，也是粉絲的悲哀。

1.4 沉迷到極致
—— 神化了的偶像

說到明星，就不得不提偶像。在典籍中，"偶像"被稱為偶人，有土偶和木偶之分。《字彙》中說："偶，又俑也，像也。木像曰木偶，土像曰土偶。"《說文解字注》指出，偶與俑是通假字，秦俑等俑人都可以說是早期的偶像。最早關於偶人的記錄大概為《史記·殷本紀》的記載："殷商後期，帝武乙，無道，為偶人，謂之天神，與之博，天神不勝，乃僇辱之。為革囊盛血，仰而射之，命曰射天。"孔子曾經對魯國人用偶人作為陪葬而十分不滿，《論衡》記載："俑則偶人，象類生人，故魯用偶人葬，孔子歎。"

《孟子·梁惠王》引用孔子的話，說"始作俑者，其無後乎！"東漢人趙岐《孟子章句》注釋："古之葬者，束草為人，以為從衛，謂之芻靈，略似人形而已。中古易之以俑，則有面目機發，而太似人矣。故孔子惡其不仁。"前面提到，俑即偶人，用以代替殉葬的人。

追星是現代的偶像崇拜

經過漫長的歷史發展，偶像逐漸蒙上了神秘和神聖的色彩，稱為人們頂禮膜拜的物件。在現代詞書中，"偶像"被通釋為"泥塑或木刻的人像以供人膜拜"，引申為盲目崇拜之物件，正是根據古意而來。陳獨秀曾經在名作《偶像破壞論》裏風趣地把偶像形容為"一聲不做，二目無光，三餐不吃，四肢無力，五官不全，六親無靠，七竅不通，八面威風，九（音同久）坐不動，十（音同實）是無用"，並且號召民眾破壞包括泥塑木偶在內的一切虛妄偶像。

由此，偶像就與崇拜緊密地聯繫在一起。時至今日，對於青少年而言，明星成為了他們心目中偶像的主要形式，而追星也就成為了現今青少年偶像崇拜的主要內容。

而現今崇拜青春偶像，已完全成為少男少女自我認同和情思切切的世界，偶像崇拜因而漸漸變成明星崇拜。現今青少年崇拜的多是歌星、影星和部分體壇明星之類的社會名人。他們一般具有獨特的氣質、出色的相貌及性感的身材。這些特徵經過商業包裝後，會變得更加光芒四射。更重要的是，跟那些毫無表情的泥木偶像如釋迦牟尼、觀音菩薩、四大天王佛像、關公像等比較，那些明星都是有血有肉的真實人物。人們可以隨時隨地聽到他們的歌聲，看到他們的畫像，欣賞他們的表演，甚至可以見到偶像本人、握手、獲取簽名。明星雖然也是人，但他們生活的一切都被物質化、商業化了。由此，明星的名字、容貌、髮型、服飾、隱私等都引人注目，都具有商業價值。在部分古代神明漸漸失去魅力的今天，大大小小的明星起以取代，拉近了偶像與崇拜者之間的心理距離。

比起遠古時代，現今的青少年真是幸福多了。他們不但可以完全選擇自己喜歡的偶像，還可以通過各種媒介，直接感受到偶像明星真實存在，體驗其光彩。更可貴的是，面對自己崇拜的偶像，人們不必再像以往那樣，充滿敬畏和憂慮，而可以充滿愛慕和欽佩。因此，偶像的感覺不再是高高在上，而可以是近在咫尺；偶像的形象也不再千篇一律，而可以是丰采多姿。

總而言之，遠古的偶像多是神明的象徵，他們永遠都是冷冰冰的、高高在上的、可望不可及的；現今的偶像則多是成功的象徵，他／她們是活生生的、有情有義的，不過卻隨時會被取代。

遠古的偶像崇拜可謂"一溪流水一溪月[9]"；而現今的偶像崇拜可謂"八面風取用自然"。

遠古的偶像是"落木千山天遠大[10]"；而現今的偶像是"淚盡君山最有情"。

遠古的偶像是擬人化了的神；而現今的偶像是神化了的人。

欲知追星，先知崇拜

甚麼是崇拜呢？伏爾泰是十八世紀法國資產階級啟蒙運動的旗手，被譽為"思想之父"和"法蘭西最優秀的詩人"[11]，當他以 84 歲高齡從法國東部的費爾奈（Ferney）到巴黎時，他被當成一位神靈英雄式人物，受到民眾歡迎和禮待。所有人都非常崇敬他，地位高的人甚至把自己裝扮成酒館的侍者來歡迎他。女士從伏爾泰的皮毛大衣上拔下一兩根皮毛，當作聖物保存。當時整個法國，沒有任何一位最高、最美、最高貴的人不感到伏爾泰這個人更高大、更高尚、更像神明。

9　出自宋代馮取洽《自題交遊風月樓》，原詩為："一溪流水一溪月，八面疏櫺八面風。取用自然無盡藏，高寒如在太虛空。落成恰值三秋半，為我吹開白兔宮。"

10　出自宋代黃庭堅《登快閣》，原詩為："落木千山天遠大，澄江一道月分明。朱弦已為佳人絕，青眼聊因美酒橫。萬里歸船弄長笛，此心吾與白鷗盟。"

11　伏爾泰（Voltaire，1694年11月21日-1778年5月30日），法國啟蒙時代思想家、哲學家、作家，被尊為"法蘭西思想之父"。

從法國人對伏爾泰的崇敬中，可以感受到崇拜給人們帶來的力量。

按照《辭海》的解釋，"崇拜"一詞可以闡意為"尊崇欽佩之至"；《漢語大詞典》解釋為："尊重拜授；尊崇奉拜；尊重敬佩"；《中文大辭典》則表示"尊敬也"。

"崇拜"一詞的英文是 worship，特指在宗教儀式中信奉上帝的敬仰和尊崇感覺。這個詞語在神學範疇中的正式表述是 cult。Cult 來源於拉丁文 Cultus，原意是禮拜、祭祀等宗教活動，轉意為崇拜，德國哲學家黑格爾（Hegel）[12] 談到崇拜現象時，闡發了一個很深刻的想法：崇拜的過程是自我人格放棄的過程。在崇拜中，現實的自我被神抹煞了，勞動者為了使神對自己有好感，把自己看成是依附於神的存在。他認為，崇拜儀式是一個共同活動或事情，也可以説是每個人都要參加的個別事情或勞動，這種勞動的目的是為了神的光榮 [13]。直到後來崇拜的概念才在逐步發展過程中擴展到了宗教以外的領域，比如偶像崇拜、英雄崇拜等等。

蘇國紅在《妒忌及其負作用的抑制與轉化》一文中解釋，現代意義上的崇拜概念："人在'現實'與'理想現實'之間的不平衡狀態就是崇拜。"更進一步的是："崇拜與被崇拜者之間，一般都具有不可比性，崇拜者能夠清醒地看到兩者之間的差距。崇拜中表達了人渴望、羨慕、敬佩、讚美欣賞的情感，體現了希望成功，追求完美的心態 [14]"。內地學

---

12 格奧爾格·威廉·弗里德里希·黑格爾（Georg Wilhelm Friedrich Hegel，1770年8月27日-1831年11月14日），德國哲學家。

13 黑格爾：《精神現象學》（下卷），賀麟、王玖興譯，商務印書館，1979年版，頁204-208。

14 祥貴：《崇拜心理學》，大眾文藝出版社，2000年版，頁4。

者羅曉珍對崇拜也下了類似的定義："崇拜是崇拜者對被崇拜者懷有的一種尊敬、欽佩的情感和心態，一般來說是在兩者之間有着不可比的情況下發生的，反映了崇拜者希望成功和追求完美的渴望[15]。"

崇拜到了極致往往走向癡迷之路，尤其對於這些心智尚未成熟的青少年，一些偶像所做的所謂先鋒姿態，恰好擊中了現今青少年價值觀的癢處。曾有報道指，中國山西省太原一所中學有少數中學生模仿偶像 F4 在電視劇中的壞學生行為，被師生稱為"春秋五霸"；大連一位女孩因為母親批評她的偶像，不讓她買偶像的 CD，這個好學生不惜以生命為偶像殉葬。她的母親到現在都不明白"崇拜到底是怎麼回事，（女孩）心裏到底是甚麼狀態"。

甚麼是崇拜心理

心理學認為，崇拜是一種特殊的心理學現象，它源自人類對大自然神威的崇拜、崇敬。隨着神化了的人出現，人類的崇拜心理的本質產生變化。偶像崇拜越來越成為人類自我意識的產物，是伴隨意識覺醒和認知發展出現的觀念形態。它體現了人類對自我和環境的理解和體驗，並影響和制約着人類的情感、意志和行為。在心理機制上，它時常會做成感情失控、情緒狂熱、缺乏正常的獨立自主精神，片面強調某個體的作用並加以神化。

心理學還認為，偶像崇拜是個人對其喜好人物的社會認同和情感依戀。奧地利著名心理分析學家弗洛伊德

15　羅曉珍：《關於當前我國青少年偶像崇拜的理性認識》，華中師範大學碩士學位論文，2004年。

（Sigmund Freud）[16] 認為偶像崇拜是青少年性發展的標準方向，因為青少年增強的欲望衝動，不能只指向父母及同輩人，也需指向諸如偶像這類較遠的人。美國心理學家弗洛姆（Allan Fromme）[17] 認為偶像崇拜是一種對幻想中傑出人物的一種依戀，這種幻想常被過分強化或理想化。美國著名發展心理學家艾克森（Erik Erikson）[18] 則將偶像崇拜理解為某個體將兒童時期對父母之養育式依戀，轉移到青少年時期對異性的浪漫式依戀的一種表現。就青少年時期的心理變化而言，偶像崇拜可以是青少年自我確認的重要手段。青少年需要從對不同傑出人物的認同和依戀中肯定自我價值[19]。他們從迷茫和自我確認的拖延狀態中走出來，時常需要經歷冒險，也不接受任何說教和過早的自我確認。在這段時期，認同一些成年或同齡的偶像，可使青少年尋求更高的價值，並為進入成年角色做好準備。

社會學認為，偶像崇拜是個人對暗示的一種回應[20]。社會互動理論（social interaction theory）把某個體在接受暗示後，在社會上學習某人或團體的行為，此過程稱為模仿。模仿的關鍵不在於暗示的性質，而在於能否對此暗示做出類似的反應。在這當中，偶像崇拜可以看作是對社會文化日益趨向重標準、快捷的回應。西方許多文化學家都曾概括解釋大

---

16 Freud, S. (1925). *Three contributions to the sexual theory.* Nervous and Mental Disease Monograph Series. 7, 226. New York: Farrar, Straus & Giroux.

17 Fromme, A. (1967). *Ability to love.* New York: Farrar, Straus & Giroux.

18 Erikson, E. (1968). *Identity: youth and crisis.* New York: W. W. Norton & Company.

19 Blos, P. (1967). The second individuation process of adolescence. *Psychoanalytic Study of the Child,* 22, 162-186.

20 謝宏忠：《偶像崇拜與青少年社會化》，《青年研究》，2001年第6期，頁20-22。

眾文化的定義。理查·漢密爾頓曾把大眾文化的特徵歸納為:"普及、短暫、易忘、低廉、大量生產、年輕化、浮華、性感、有欺騙性、有魅力、屬大企業式[21]。"在大眾文化的催生下,偶像成為了個體主動模仿的對象。對青少年羣來說,這樣的模仿行為填補了他們在社會化過程中的情感空虛。一方面,青少年需要尋找情感、理想可以寄託的人物或物件;另一方面,大眾文化總在恰當的時候塑造出這種人物或物件,虛幻的如文藝、影視作品人物,真實的則是生活中頗具影響力的名人、權威等。2005年風靡全國的"超級女聲"活動票選總冠軍李宇春,以其率真的性格、獨特的舞台風格,贏得萬千擁戴者的癡心崇拜,可說是契合了青少年羣的模仿心理。

現今的追星效應,可謂對古代偶像崇拜的一種現代形式的轉換與延伸。追星方式由以往用土、木、石、金屬等製成偶像,用來膜拜之用,轉為現今把偶像的資訊刊載書文、播放錄影及錄音、在大街小巷張貼偶像廣告,各種簽名留念等現代形式,從而形成一種廣泛性的大眾普及化、明星式的偶像崇拜,表現新的崇拜特徵。

---

21 引自丹尼爾·貝爾:《資本主義文化矛盾》,趙一凡等譯,北京三聯書店,1992年版,頁120。

我的少年偶像 —— 雷鋒

雷鋒這個名字對現今的中學生來講，或曾聽說，但卻可能沒甚麼感受。但對於六、七十年代成長的青少年，雷鋒的名聲比眼下任何一位走紅的明星還要響亮。他是當時的超級偶像，是人們共同崇拜的人物。是甚麼力量令雷鋒那樣深入人心？而在"羣星燦爛"的今天，雷鋒還有甚麼值得我們崇拜？

首先，我們應知道雷鋒的魅力在哪裏？他是位普通士兵，其精神卻影響中國人口達幾十年之久。他的魅力在於其助人為樂，做好事不留名的性格。他既有一副熱心腸，也有一顆平常心。當時的年輕人以他為榜樣，學他默默地奉獻，不計個人得失，追求平凡中的偉大。只要你認同這些特質，你就接受了雷鋒，雷鋒也就活在你心中。

其次，雷鋒作為一個超級偶像，他其實是個再平凡不過的人物。他長相平凡，個子矮小，既無歌喉演技，也無今日明星的絢麗風姿。正因為如此，雷鋒離我們每個人很近，他不過是大家求善行為的典型例子罷了。雷鋒未曾拍過任何青春佳照，當年人們最常見的畫像是他頭戴棉帽，手握步槍的木刻像。因此，人們不會對他產生任何過分浪漫或理想化的幻想，使雷鋒身上更散發出一股樸實無華的光彩，令人傾倒。

其實，雷鋒的這些特質，放在任何年代，任何文化，任何國度中，都值得人們效仿。"雷鋒現象"的出現絕非偶然，他本質上反映出人們積德行善，尋求自我完善的意向。特別是在建國初年的歲月裏，人們迫切需要通過一個典型人物的言行，來表現出每個人對建設新中國的高漲熱情。而雷鋒的一句："人應該用有限的生命來為無限的事業奮鬥"確曾激勵了不少人。

就心理學而言，雷鋒的性格中明顯有着"利他性人格"

的特徵（即凡事能多從他人的角度看問題，非常願意幫助別人）。此現象的出現也能有效體現"社會學習"的重要（即通過模仿他人的行為來塑造自我）。人們認同或模仿雷鋒的良好社會行為和品德，不斷完善自我的人格成長。其實雷鋒的行為是任何人都能做到的，學習雷鋒只是學習其善德善舉，而非一定要雷鋒本人有多高大，外表有多吸引。

因此，昔日崇拜雷鋒是一種以特質為核心的社會學習，不是對偶像外貌、形象的欣賞和模仿，而是對偶像的性格和行為的了解和認同。當時的人不會也沒有必要神化雷鋒。相比之下，今日的追星行為則多是一種以人物為核心的社會學習，它主要關注偶像的外貌、形象和特徵，而不太關注其性格和行為。因此人們很容易不知不覺把偶像神化了。

換句話說，六、七十年代的人崇拜雷鋒，可以追逐平凡中的偉大，並加以效法；今日人們崇拜明星，很難追逐到偉大中的平凡了，因為大部分人都無法成為明星。這當然是以往以特質為核心的社會學習，跟如今以人物為核心的社會學習的最大區別。

在我個人的中小學生涯裏（1966-1977），便曾出現了三次全國性的"學雷鋒運動"，每一次我都參與。那些年，學雷鋒就是去做好事，例如到火車站幫助旅客，扶老攜幼，搬運行李；到孤寡人家劈柴擔水，打掃房屋；幫助低年級同學補習功課，復習考試等，我都幹過。那時感到累了，只要想起雷鋒的好行為，便會重新振作，幹勁十足。而做這些義務工作，最大的鼓勵莫過於被評為"學雷鋒標兵"。不過，即使被評為"學雷鋒標兵"，也沒有甚麼可大肆張揚的，因為雷鋒做好事從不張揚。

這就是雷鋒給我們那個年代年輕人的力量。

1.5 追星的五大心理作用

　　青少年期是由兒童過渡到成人的特殊發展階段，有着既不同於兒童，又不同於成人的心理活動方式和內容。在認知、情感、能力、人際交往等各個方面都發生了特殊的變化，出現了一些比較特殊的心理行為反應。親子衝突、情緒波動、自尊下降、叛逆行為、從眾行為等是青少年期較為普遍的心理特徵。追星可以説是青少年在個體成長過程中的一個階段性行為，也是青少年走向成年的一種過渡性行為。本質上反映了青少年在自我確認的過程中，對理想人物的社會認同和情感依戀，是其特定年齡階段心理發展的"附屬品"。可以説，青少年的生活需要偶像人物，偶像人物也為他們的生活增添了色彩。

　　目前在論及為甚麼青少年會出現追星現象時，一些相關的心理需要，如歸屬需求、認同需求、補償需求、宣洩需求、需要需求、逆反需求、愛戀需求以及從眾需求都被廣泛分析。追星是青少年情感滿足的正常需要，也是其心理成長的里程碑。精神分析學家榮格 (Carl Gustav Jung) 認為，對偶像的崇拜，就是對自己的崇拜。因此，我們並不能簡單地以"好"或"壞"來作為評價標準，也不能對崇拜人物或事件進行道德劃分，認為崇拜科學家、政治人物就是好的，崇拜歌影視明星就是不適宜的。青少年追星從本質上來説，是一種對美好的信仰，這是最值得肯定，也是最難能可貴的東西。以下會解釋追星過程中的五種心理作用，包括：宣洩作用、投射作用、認同作用、補償作用及歸屬作用。

■ 學友學友我愛你

—— 為了宣洩情感

宣洩作用（abreaction effect）指在崇拜活動中，崇拜者通過激烈和誇張的行為，表達被壓抑的情感。內地學者程靈和陳強認為 [22]，青少年追星是他們對日益繁重的功課壓力的一種宣洩和慰藉。在成長過程中，青少年的生活本應是多姿多彩的。可是在實際生活又不得不面臨重重壓力，例如父母望子成龍的心態、老師嚴厲的管教、升學壓力的負擔、人際競爭的激烈等等。在這種超負荷的心理負擔之下，青少年過剩的精力無處可洩，豐富的情感無所寄託，生活因枯燥而變得壓抑。理所當然地，他們要求宣洩、解脫和釋放。這個時候，偶像就成為了他們的精神支柱，讓青少年得到替代性的滿足，例如：在影視明星扮演的角色中，他們體驗豐富的人生經歷；在歌星的演唱歌曲中，他們找到某種近似的共鳴和想像中的情感體驗；在體育明星激烈的競技比賽中，他們過剩的精力找到了發洩的出口……

不僅如此，擁有偶像除了可以使他們在精神生活上得到寄託，緩解壓力所帶來的緊張，也可以通過搜集偶像的生日、星座、興趣、愛好等記錄作為課餘活動的一大消遣，使自己在現實中無法實現的心願，在感受偶像特質的過程中獲得補償。

---

22 程靈、陳強：《青少年偶像崇拜現象的心理學分析》，《福建教育學院學報》，2001年第1期，頁19-21。

演唱會的親身體驗

1997 年 1 月，我應一位朋友之邀，參加了香港 1996 年十大勁歌金曲頒獎典禮。這是我平生第一次參加演唱會，其經歷令我終身難忘。

那天的演唱會在香港紅磡體育館舉行，香港歌壇的風雲人物幾乎全都出席了，包括素有"四大天王"之稱的劉德華、黎明、張學友和郭富城，和其他男歌手，還有梅豔芳、鄭秀文、莫文蔚、陳慧琳等女歌手。那天印象最深刻的是館內的熱烈氣氛，而不是甚麼人唱了甚麼歌，得了甚麼獎。

我發現，每當一位天王級的歌星登台演唱時，台下的歌迷就會拉出各種大幅標語，上書其名，或寫有"我愛你"、"我們永遠支持你"之類的話語。他們一邊歡呼，一邊還用手舞動着熒光棒，為其偶像演唱助興。熒光點點，與舞台上的燈光變幻遙相呼應，煞是風景！我還發現，這些歌迷都坐在一起，形成了一個個很整齊的區域。每當一個歌星登台時，他們就會有規律、有節奏地一排排在座位起立坐下，造成一種波浪起伏的感覺，令人備受感染。令我詫異的是，有一位天王歌星的粉絲區竟完全由一批"師奶"（中年婦女）歌迷組成，她們在偶像出現時，像其他年輕歌迷那樣盡情地歡呼，揮動熒光棒，並隨着大家有節奏地起落於座位，非常投入。

更令我詫異的是，坐在我後面兩、三米處有一位少女，每當張學友登台時，她就會站起來，旁若無人地大聲喊叫："學友，學友，I love you。"而"學友"這兩個字的粵語發音在普通話發音中很像"蠔油"，所以聽到她的大聲喊叫，我都會感到無比滑稽。當張學友注意到她，向我們這邊招手時，我留意到那位少女忽然淚流滿面，泣不成聲……

這一幕幕情景，都令我驚歎不已。說實話，這樣熱烈的場面我只有在"文革"中見過。如今再次體驗，我又深切感受到偶像對其崇拜者所產生的強烈感染力，那真是一種"上刀山，下火海"都在所不辭的巨大衝擊。我也再次感受到偶像崇拜的龐大羣體效應，那種效應會隨着參與人數的增加而以倍數增長。

我開始思索：是甚麼力量導致人們可以如此狂烈地崇拜一個偶像？是甚麼因素使青少年如此熱衷於偶像崇拜？偶像崇拜對青少年的自我成長，有甚麼積極或消極的影響？特別是看到我背後的那位少女，我不禁讚歎：她那樣旁若無人地高喊"學友，學友，I love you"，是甚麼力量使她在大庭廣眾之下，向世人宣告她對張學友的鍾情？又是甚麼力量使她一再陶醉於那令他人感到尷尬的時刻？

我開始自問：作為一個心理學家，我能對這一切現象作出甚麼解釋？作出甚麼研究？或作出怎樣的引導和幫助。對於這些問題，我越想越覺得有必要深入研究，越想越不能專心於舞台上的演唱，越想越感到激動……

而當演唱會結束時，我發現門外有兩堆人在互相叫罵，情緒相當激動。原來那是黎明和張學友的歌迷在互相對罵，幾乎要動手。這也使我大惑不解：為甚麼偶像崇拜中會有如此龐大的排他性？為甚麼偶像之間不可以和平共處？為甚麼黎明和張學友的歌迷會水火不容？

正是對於這些疑問的不斷思考，推動我這 10 年做出大量有關青少年偶像崇拜的研究。漸漸，我發現青少年偶像崇拜是人生成長道路中的過渡性現象，有其必然性和自然性的一面，也有其困惑性和盲目性的一面。對此，人們應採取積極認同和正確引導的態度，而非加以生硬的排斥和拒絕。

我要感謝那位盡情高呼"學友，學友，I love you"的少女，是她的激情表現給了我寫作此書的原動力。她那充滿激情的聲音，也不斷地迴響在我耳邊，令我也激動不已。但是，我也希望那位少女現在不要只對張學友充滿激情，而是對自我的人生規劃充滿激情。畢竟人活着，本質上我們都靠自己的努力去開創個人的美好人生。

■ 小燕子就是我
——投射個人理想

追星的投射作用（projective effect）指崇拜者將自我的夢想、欲望和缺憾投射到偶像身上。換句話說，當一個人不能完全實現其生活理想和夢幻時，癡迷於偶像的某些特質（如容貌、身材、才能、家庭背景、生活閱歷等）和成功（如財富、社會地位、個人魅力等）就可以聊以自慰了。追星可謂一面鏡子，照出了崇拜者心中的某種潛在欲望。

電視劇《還珠格格》中扮演小燕子的趙薇是兩岸三地走紅的影星。人們如此癡迷小燕子，除了因為她人長得漂亮，在紅透大江南北的電視劇中表演出色外，還因為甚麼原因？作為一位心理學家，我的答案是：小燕子其實是一面鏡子，觀眾喜愛她，本質上是因為照出了他們心中的某種夢幻和缺憾。

這得從小燕子的神話魔力說起：她在劇中本是一位民間義女，機緣下結識了流落民間、為皇帝私生女的紫薇。她幫助紫薇千里尋父，團圓相認，再歷經磨難，為紫薇和自己覓到如意郎君，可說是東方版的"灰姑娘"故事。故事中，小燕子給人的形象是率直仗義、敢作敢為、無拘無束、坦白率直的。所以，這樣一位才貌雙全的義女，充滿活力，天不怕，地不怕，遇到危難時都會有人相助。小燕子的神話魔力就在於此了。

那麼，癡迷小燕子反映出追星族的甚麼心理呢？是一種追星的投射作用。具體地說，一個人在生活當中缺少甚麼，或渴望得到甚麼，而小燕子剛好擁有這些特質，便令他們喜歡，甚至迷上小燕子。例如，長相不太好看的人會特別喜歡她的模樣，圓不了明星夢的人會特別看重她是位大明星；期望有貴人相助的人會特別喜歡她是個俠女；家庭不和的人會特別羨慕她有個幸福家庭；性格內向的人會特別喜歡她生性活潑大方；性格懦弱的人會特別欣賞她敢作敢為；生活枯燥的人會特別欽佩她能獨闖天下、浪跡天涯；找不到如意女友的人會特別喜歡她相貌清純、舉止可愛；缺乏家庭溫暖的人會特別感到她像個大姐姐似的……

夢想要靠自我爭取

凡此種種，人們呼喚小燕子，在很大程度上其實是在呼喚對自我的某種夢幻、渴望和缺憾。當人們不能在現實生活上獲得這些滿足時，癡迷小燕子此虛構人物就可以令人聊以自慰了。這大概是"小燕子情結"的核心原因，也大概解釋了為甚麼那麼多人為見小燕子一面，而不惜等候八、九小時。

但是大家都很清楚，生活中的自我夢幻和缺憾是要靠自己的努力來改變的，期盼任何神靈相助是靠不住的。這就如同還珠格格的名分和婚姻都是靠自己的努力爭取，而不能靠運氣賜予。因此，一個人癡迷小燕子，如果是為了激勵自我、改變命運、完善人格，小燕子就成了自我成長的榜樣。相反，如果一個人癡迷小燕子，是為了悲歎自我的渺小和人生的不公，小燕子就真的成了自我成長的災星了。會成為自我成長中的動力或阻礙，全看擁護者怎麼看小燕子的價值。

■ 超女李宇春的號召力
——認同偶像言行 [23]

追星的認同作用（identification effect）指崇拜者接受並認同偶像的言行及自身價值。偶像可影響擁護者，樹立生活的榜樣，令他們產生無窮的幻想和生活激情。偶像的言行，也可給他們極大的力量，使人更加努力體會和實踐自己的生活。由此，人們崇拜某位偶像人物，本質上是要認同其事業成功的基礎或其人格的魅力，以獲取個人成長的養分。

2006 年 9 月 14 日，當時正舉辦超級女聲，尚雯婕是其中一位參賽者。一位網友名為"花粉英國後援團"，在尚雯婕的百度貼吧裏撰文《我們的對手瘋了，我們不"瘋"還能怎樣？》，提到拉票情況。文中寫道："如果有 1000 人現在開始每人拉到 500 張票，那就是 50 萬票！拉到 1000 票，那就

23　資訊來源：《新世紀週刊》2006年第30期，《只要她號召，我們甚麼都可以做》

是 100 萬！"面對這樣的宣言，很多人都說："她們真的瘋了。"然而，要是見識過 2005 年另一位"超女"李宇春的粉絲 (自稱"玉米") 的拉票舉動，一定不會如此驚訝。

支持李宇春到底

2005 年 8 月 24 日，成都《天府早報》記者肖姍姍在《狂熱玉米一次擲 50 萬買萬張電話卡為李宇春拉票》報道中講述"玉米"拉票的瘋狂舉動：一羣"玉米"以 6000 元向一位小靈通[24]專賣店的老闆買下一打小靈通，全部用來替李宇春投票，超女粉絲中，"玉米"才是最瘋狂和執着的一羣人。她們的瘋狂，從李宇春出現開始，就一直沒有停止。

李宇春成為 2005 年超級女聲比賽的總冠軍後的第二天，她透過新浪網和歌迷見面。此舉動立即引發全國甚至全球"玉米"的強烈反應。不少"玉米"為了佔據和李宇春直接對話的網絡聊天室中，那僅有的幾百個位置，一天前就開始在線上等待，守候時間最長的達到 24 小時。當下午 3 點李宇春踏入嘉賓聊天室時，已經創下聊天房間 50 個、線上聊天 12000 人、觀看人流超過 40 萬人的新紀錄。因為場面太過熱烈，新浪網"直播間聊天"之後頻頻出現視頻中斷現象。2006 年年初，當李宇春成為"小天使基金"的形象代言人後，"玉米"紛紛捐款。兩個月的時間內，"玉米"一共捐贈了 6000 多筆，共 40 餘萬元的善款，捐贈者的名字大都是"玉米"二字，他們還用這筆資金成立了"玉米愛心基金"。"玉米"都認為："我

---

24 如無線電話的中國內地手機。

們要支持春春（李宇春）到底，只要是她號召的，我們甚麼都可以做。"

在北京某國家機關上班的粉絲王茜在接受《新世紀》採訪時，剛從捐血的現場回來，她說跟她一樣因為春春而去捐血的"玉米"還有很多，就跟和她去宣傳李宇春新專輯的"玉米"一樣多。

這些"玉米"的瘋狂舉動，也許沒辦法被常人理解，但"玉米"卻並不在乎別人的看法。"我們要春春一轉身，就能看見一片‘玉米田’。"這是"玉米"在超女比賽結束後發過的誓言，這就是認同效應所產生的巨大能量。

在青少年人格發展的過程中，通過對偶像人物成功地完成某項任務的認同，能使學生產生與榜樣人物類似的自我效能感應體驗。超級女聲選秀的整個過程，把各位超女的個人經歷和成長點滴都直接地展現給觀眾細看，引起了青少年強烈的共鳴。渴望成功、渴望成名的青少年，將超女的努力和進步，視為自身成長經歷過程的前瞻；將超女所獲得的成功與關注，視為自身未來理想的狀態。

由此，在追星的過程中，粉絲在超女的歌聲中找到了自己喜歡的東西，在超女身上看到了自己。

從"盒飯"中吃出人生樂趣

"去年我去一間公司應徵，考官問我在學校參加了甚麼社會活動，我就把我們'盒飯'的事告訴考官。想不到，兩天後便接到去公司培訓的通知……"

25 歲的小杜是長沙一所廣告公司的職員，同時，她又是全國"何潔歌迷會"長沙分會的會長。"我除了工作和睡覺，基本上把時間都花在會長的職務上，會長也不是那樣好做的啊！"小杜剛與記者一見面就開始訴起苦來。

何潔是 2005 年的超女季軍，她的粉絲被稱為"盒飯"。"'盒飯'都來自五湖四海，平時大家都有自己的事，要集中起來並不容易"。小杜淺淺一笑，話鋒一轉："不過，我覺得這其中的樂趣還是遠遠大於苦處。"

"全國的'盒飯'有多少人？"記者問。

"這個我不是太清楚。我們長沙分會 2005 年的人數較多，現在也就只是剩下七八個骨幹成員在活動了。"小杜指了指坐在她身邊的一個女孩說："她叫小魚，是我們的重要骨幹成員。"

小魚今年 22 歲，在長沙一間公司工作，月收 3000 多元。小魚向記者笑笑說："我覺得是'盒飯'的經歷幫了我的忙。"

小魚去年大學畢業的時候正是超女比賽進入高潮時期，作為死硬"盒飯"，她邊忙於找工作，邊幫小杜做些"何潔歌迷會"的事情。

小魚說她因為是"盒飯"找到了現在這份滿意的工作，稱自己當時因此引起了應聘考官的關注。"在公司培訓期間，我寫了一篇'超女行銷策略'的文章，老闆對這篇文章非常看重。我被公司錄取後，不到一年的時間就成為了部門經理……"

"我們長沙分會主要是幾個女孩子處理事務，我們可能較多從生活角度為何潔着想。"據小杜介紹，2006 年年初何潔在長沙郊區某處拍攝《美麗分貝》，幾位"盒飯"到現場看了何潔後，覺得她比以前瘦了，立即心疼得不得了。"回到市區，我們就決定在拍攝期間，每天送湯給何潔補補身體。我們輪流到餐館去訂湯，餐館做好後，我們都先嚐一下，覺得味道好就送去，如果味道不好就重新再做。"

　　"那何潔喝了你們送去的湯？"

　　"喝了，喝得好開心。"

　　"粉絲"的絕對理由："只要她開心就好了！"

　　"我們將自己無法完成的夢想交給了她，只要她實現了夢想，就等於我們實現了一樣快樂與真實，人生也是這樣啊，多奉獻，就會多快樂。"

　　"我不知道自己會不會繼續做會長，但是，只要我覺得開心就會堅持。"小杜說這番話時，坐在一旁的小魚也在不停地點頭。

摘自《長沙晚報》2006 年 9 月 3 日

■ 佐敦的抗搏魅力
——補償個人滿足感

　　追星的補償作用（compensation effect）指崇拜者通過敬仰和崇拜某個偶像，來獲取自我感受和與人交往上的滿足。據我的研究結果得出，青少年對某歌星、影星或體壇明星的崇拜，可令其在自信心、自我概念、自我確認及人際交往等方面，獲得不同程度的滿足感和成就感。這種補償作用可大大強化青少年追星的欲望。

　　"米高佐敦（Michael Jordan）是籃球界的'空中飛人'，他勇於抗搏、永不言敗、強調團隊精神。他把每一次比賽都當成人生挑戰，有着超人的震撼力和領導力。他帶領芝加哥公牛隊六次獲得全美籃球聯賽冠軍，徹底改變了人們對籃球的認識，象徵美國精神……"

　　"佐敦是我見過最英俊的男人，雖然他是個黑人。他高大、威猛、充滿活力和男性魅力。他的眉宇間流露剛毅，笑容中展示自信。他在籃球場上的每一個動作都是那樣優美、漂亮。特別是他飛身投籃時的動作，簡直令人陶醉萬分……"

　　以上所言是兩位中學生對美國籃球巨星米高佐敦的讚美之詞。這些話道出了人們對他無比敬佩之情，也從不同角度勾畫出佐敦的魅力。一般說來，青少年在最初的追星時，往往會採取表層性的欣賞方式。畢竟他們選擇偶像人物，其外部特徵和表現是人們最直觀、最初級的選擇標準，這恰如"一見鍾情"的道理。但欣賞一位偶像的外貌，充其量只能令人欣賞其美貌及引來模仿，卻不能促使一個人的自我成長。而認同一個偶像的內在特質，會推動一個人積極辨別偶像身上有哪些有利於個人成長的特徵，從而把偶像所代表的精神內化，成為自我成長的動力。

追星的經濟效益

其實，任何一個追星的過程，都是一種興趣、智力，甚至是情感的消費。既然是一種消費，就不能不講究"經濟效益"。我們除了從追星中獲得某種感官上和精神上的"回報"外，還應獲得甚麼其他"回報"？這個問題只有追星的消費者自己心裏最清楚。如果他（她）對此不清楚，就可能造成個人興趣和情感消費上的巨大浪費。

米高佐敦之所以成為全世界的"萬人迷"，除了與其長相英俊、球技出色有關外，還與他在球場內外永遠保持一股謙虛謹慎、勇於拚搏的精神有關。例如，1997年芝加哥公牛隊與猶他爵士隊的總決賽中，公牛隊的分數一直落後於對方。然而，就在最後的五分鐘內，雙方的分數開始拉近，但公牛隊一直還差二分。就在最後的三秒鐘內，佐敦奇蹟般地從對手卡爾·馬龍（Karl Malone）手中搶過籃球，漂亮地繞過他，投進了一個三分球，嚇得他目瞪口呆，也引起了全場雷鳴般的掌聲和喝彩聲。可是有誰知道，在此之前，佐敦不巧患上急性腸胃炎，比賽前一天還躺在牀上"打點滴"，一天一夜沒有吃東西。可是一上場，佐敦就像變成另一個人似的。他奮力拚搏，組織進攻，一場比賽中獨得三十八分。而當他在最後一秒鐘，投進那決定性的三分球後，便一頭癱在隊友的懷中……

這樣的佐敦，能不讓人敬佩嗎？

■ 朋輩互相影響
——尋找心靈歸屬

美國著名心理學家亞伯拉罕·馬斯洛（Abraham Maslow）提出了需求層次理論。他把人的心理需求從低到高分為五類：生理需求、安全需求、歸屬和愛的需求、自尊的需求及自我實現的需求。這其中，歸屬和愛的需求正是青少年所面對的主要問題。處在心理斷乳期的青少年情緒波動較大，開始疏遠父母，再加上處於這一年齡段的青少年大多是獨生子女，從小到大都是一個人生活，孤獨感會激發起他們對於歸屬和愛的需求。這個時候，青少年發現，明星演出的影片反映了他們積極嚮往的生活方式，明星演唱的歌曲道出了他們的心聲。失敗時，聽見成龍在唱"人生其實就像潮起潮落，誰沒有嘗過失敗的苦果……我們也要勇敢重新來過"[25]；失落時，聽見譚詠麟在唱"無懼怕……無人攔去路……在午夜明燈指我路往……"[26]。這種沉醉，讓青少年獲得心靈上的暫時平靜與安慰。於是，追星便成為了青少年找尋歸屬和愛的最好方式。

在內地，兩位學者郝玉章和風笑天採用內容分析的方法，研究 207 封"趙薇迷"的書信，進行社會學角度的分析[27]。他們的調查證實了青少年追星容易受朋輩羣體影響：

25　成龍歌曲《潮起潮落陪你度過》。
26　譚詠麟歌曲《領航燈》。
27　郝玉章、風笑天：《青少年的偶像崇拜 —— 207封"趙薇迷"信件的社會學分析》，《青年研究》，2000年第4期，頁22-29。

第 93 封信寫到："以前，我並不知道甚麼叫《還珠格格》，可是我班的同學每天都聊，於是我也成為了他們的行列了。"

第 184 封信寫到："你看我班的同學，哪個課本上沒貼《還珠格格》的照片，哪個沒有買上幾張明信片，有的同學是看到衣服上的'還珠格格'圖案才買的，還有原子筆、鋼筆等，反正都是一個個十足的'格格迷'。"

第 100 封信寫到："你知道嗎？趙薇姐姐，你已經在我班上非常出名了，我和同學一起交流的時候，總會提到你，說你這樣好，那樣也好。"

第 135 封信寫到："每天在寢室裏，我們談論的都是你，每個人都看關於你的書籍，都關心你在做甚麼，準備拍甚麼電視劇或電影。"

由此，在周圍同學都喜歡趙薇的環境中，如果有人不喜歡趙薇，不崇拜趙薇，不僅僅會失去同學、朋友，甚至可能連日常交往中說話的機會也會因此而減少。

另外兩位學者嚴念慈和徐豔，對湖北省漢川市馬口鎮所有在校初中生進行調查，證實了青少年追星的從眾心態。調查發現，在對青少年追星的態度上，同輩中有 80% 以上持贊同態度，而反對的僅佔 1.6%。另一方面，學校持支持態度的有 17.1%，家庭持支持態度的有 23.2%。老師和父母在此問題上的態度和同輩的看法形成極為鮮明的對比 [28]。

美國著名社會學家柯爾曼（James Coleman）在他的經典著作《青少年社會》（*The Adolescent Society*）一書中指

---

28 嚴念慈，徐豔：《青少年偶像崇拜：社會化視角的解讀》，《青年探索》，2004年第3期，頁35-37。

出 [29]，1960 年代的美國青少年，因為種種原因，幾乎被隔離於成人的 "大社會" 之外。急劇的社會變遷，使家長難以和青少年子女同步並進。社會的專門化趨向要求青少年在學校中接受更長時間、更複雜的訓練。在這個變遷過程中，青少年被迫轉向跟自己年齡相近的同伴尋求接納，而他們的整個社交生活亦與同齡的人一起度過。和同齡人的交往互動中，青少年形成自己的社會，而大多數的主要社交互動，亦會在這個社會中發生。他們與外間的成人社會只保留少量聯繫。

無論是在學校還是社區，朋輩是影響青少年最深的一個羣體。雖然家庭、學校和社區是青少年主要的活動場所，老師和家長對青少年耳濡目染的教育模式也為青少年樹立一個個學習式的榜樣人物。對此，青少年實際的接收效果如何，值得商榷。相反，相似性和同質性較高的朋輩，對青少年的影響才至為關鍵。這是因為青少年選擇的友伴，一般傾向那些和自己價值與態度相近的人。青少年從友伴獲得極為需要的支援，又因為生理上產生的變化，差不多在同一時段發生，對事物的好奇心也較強，所以友伴對青少年的影響是自然和深遠的。

友伴可以給予青少年引導，卻又可以對他們產生負面的影響。若青少年的親密朋友都崇拜某位偶像，則青少年本身也會因為友伴壓力，而傾向於崇拜該偶像。心理學家芭芭拉・紐曼（Barbara M. Newman）和菲力・紐曼（Philip R. Newman）對此的解釋是，處於青春期的青少年，面臨的是羣體認同和疏遠的危機，因此需要歸屬於某些同伴，否則會

---

29 Coleman , J . S. (1961) . *The Adolescent Society : The Social Life of the Teenager and Its Impact on Education*. New York : Fress Press.

感到疏離，將來可能難以建立起社交網絡，而社交對於個人健康和幸福感都特別重要，因此要避免限制青春期結交發展同伴關係的機會[30]。

所謂"近朱者赤，近墨者黑"。朋輩對青少年的認知影響是十分巨大且顯著的。青少年害怕與眾不同，被同伴孤立並被排擠出圈子外。這種渴望得到集體的接納，與羣體保持一致的心理，促使青少年將追星看作一種時尚，且透過崇拜同伴公認的偶像明星，使自己與周圍同伴有共同語言，並擁有融為一體的滿足感和歸屬感。從這層意義上説，朋輩對青少年追星的行為起了一種刺激和強化作用。

---

30 Newman & Newman.(1984). *Development through life；A Psychosocial Approach*. Illinois: The Dorsey Press.

追星的變遷（一）

追星的變遷，不僅反映出人們思想行為的變化，也折射出社會時代的變遷。

中國社會，從來就不缺少偶像。在"五四運動"之前，是孔子等儒家文化代表人物的聖人偶像，也有蘇東坡、韓愈等文學代表人物的文人偶像。例如，韓愈在潮州任刺史的短短八個月內，得到了潮州仕宦乃至潮人百姓的愛戴和頌揚，形成了"八月居潮萬古名"的佳話。這絕不是虛妄、無中生有的。其中一個重要因素是，韓愈"有愛在民"，他那些深得民心的主張，並不只是停留在口頭上或詩章裏，而是身體力行，力創政績。另外，當時"名以文傳"的社會大環境中，韓愈的文采更贏得了讀書人廣泛的愛戴，有"昌黎公，聖人之徒歟。其文高出，與古之遺文不相上下"（《昌黎文錄》）的說法。

從"五四運動"到八十年代，偶像開始以平均每十年出一兩個典型的頻率，或被主觀樹立，或被客觀追捧而生，中國人的崇拜情況從過去的聖人、文人崇拜情況開始轉型。在這四、五十年間，從社會道德的模範到個人愛慕的對象，從學習其精神到模仿其造型，從全民崇拜到一盤散沙，偶像從神壇跌落人間，也從精神層面落實到了實際層面。但無論如何，偶像都是這樣的一羣人：他們廣為人知，並成為許多人仿效的對象，他們的某種特質曾經或正在影響這個社會的無數人，人們以瘋狂或理性的方式喜愛、學習、懷念他們。偶像伴隨着一代代的人成長，上世紀 60、70 年代的雷鋒、陳景潤、鄧麗君；80 年代的張海迪、老山英雄、北島、三毛……這些名字已經成為不同時代難以磨滅的記憶。回顧中國社會近半個世紀以來的偶像變遷，我們能夠看到其中所折射的時代文化的巨大轉變。

1.6 追星中的"普賽克效應"

青少年在追星過程中對偶像的迷戀夾雜了許多理想化、浪漫化、絕對化的認知成分，這強化了偶像在人們心目中的美好形象，儘管這可能與現實中的偶像有很大距離。這種現象背後，又可以怎樣的心理現象解釋呢？

在人類文明發展史上，運用神話或童話故事，來概括或喻指某種哲理和現象的例子可謂屢見不鮮。對此，美國歷史學家格蘭特(Michael Grant)指出，"前人運用寓意的表現手法時，他們或認為寓意性的神話故事，可使抽象的概念更具吸引力和說服力，或認為寓意性的神話故事包含某種深刻的真理，其智慧被前人刻意隱藏起來，以使那些不值得開悟的人無法加以接受。"由此可見，許多神話或童話故事的創作正是為了概括和宣傳某種人生哲理。

例如，在心理學現象的概念中，精神分析大師佛洛伊德(Sigmund Freud)曾引用伊狄帕斯(Oedipus)的神話故事，喻指兒童的"戀母情結"；用伊萊克特拉(Electra)的神話故事，喻指兒童的"戀父情結"；用納西瑟斯(Narcissus)的神話故事，喻指人的"自戀人格"。在運用這些概念中，佛洛伊德強調人潛意識思維活動對人格狀態的影響。瑞士精神分析學家榮格(C. G. Jung)曾用伊狄帕斯原型(Oedipal archetype)[31]喻指人類共有的"戀父意向"，以強調人類的集體潛意識對文化習俗的影響。美國心理學家羅森塔爾

---

[31] 伊狄帕斯原型（Oedipal archetype）：泛指人類遠古時代遺留下來的男童對父親的敬畏和懼怕的集體潛意識，其化解的好壞可對兒童的人格健康成長起巨大作用。

（Robert Rosenthal）也曾用皮格馬利翁（Pygmalion）的神話故事，喻指教學中的"期盼效應[32]"，以強調正面期望，對調動個人潛能的巨大推動作用。

除此之外，佛洛伊德還曾用伊索寓言中的"酸葡萄故事"，喻指精神防禦中的合理化機制[33]，以及人對自我狀態的調控能力。除心理學家外，德國哲學家尼采（Nietzsche）在其《悲劇的誕生》一書中，也曾用"阿波羅藝術（Apollonian art）[34]"來喻指理性、強勁、條理清晰的藝術表現方式；用"戴奧尼索斯藝術（Dionysian art）[35]"來喻指縱欲、混亂、隨心所欲的藝術表現方式。尼采認為"阿波羅藝術"體現了希臘人的創新精神，而"戴奧尼索斯藝術"體現了希臘人的悲劇情懷。

---

[32] 皮格馬利翁效應 (Pygmalion effect)：皮格馬利翁是古希臘神話中的賽浦路斯國王。他在雕塑一座少女雕像時，竟然鍾情於這位少女，最後雕像竟變為真人，與他結為伴侶。心理學家羅森塔爾（R. Rosenthal）曾做一個實驗：對小學各年級的兒童進行"預測未來發展的測驗"，然後向教師提供資訊，調查顯示："這些孩子有發展的可能性。"實際這些孩子完全是隨機抽樣調查的，八個月後，教師就像期待那樣，盡力發展孩子的智力。實驗結果表明，教師的期望，對學生的行為顯然產生影響。於是稱這種現象為皮格馬利翁效應。後來學術界也稱它為羅森塔爾效應（摘自《心理學大詞典》，北京師範大學出版社，1989年版，頁467）。

[33] 防衛機制 (defense mechanism)，又稱防禦機制，是個體在精神受干擾時保持心理平衡的手段。精神分析學家指，人在潛意識中自動進行克服本我和自我衝突時所致的焦慮，是保護自我的方法。
其中合理化機制（rationalization）指對於不合理的個人信仰、行為、態度加以"合理化解釋"，以使自己得到寬慰（摘自《心理學大詞典》，北京師範大學出版社，1989年版，頁186-187）。

[34] 在古希臘神話中，阿波羅（Apollo）是宇宙之神宙斯之子，他是理性、預言、醫藥、音樂之神，他也被稱為太陽神，他象徵着力量、智慧、遠見。

[35] 在古希臘神話中，戴奧尼索斯（Dionysus）也是宇宙之神宙斯之子，他是酒醉之神，也是戲劇之神，象徵着直覺、放縱。

把心理活動形象化

在運用神話或童話故事來喻指或概括某種心理學現象中，心理學家需要給所引用的神話或童話故事，予以心理學象徵意義的解析。例如，在"伊狄帕斯情結"中，佛洛伊德的解析是男孩子在早期成長過程中，都曾經歷一段為爭取母愛而排斥父親，甚至想加以取代的潛意識活動階段。這種"親母厭父"情緒體驗，能幫助兒童人格健康成長。同樣，在"伊萊克特拉情結"中，佛洛伊德的解析是女孩子在早期成長過程中，曾經歷一段為爭取父愛而排斥母親，甚至想加以取代的潛意識活動階段。這種"親父厭母"情緒體驗，能幫助兒童人格健康成長。

而在"納西瑟斯人格狀態"中，佛洛伊德的解析是嬰兒的自我與本我衝動不分，沒有物件的知覺，所以力比多（libido）[36]被迫停滯在人體內部，形成自戀。這種自戀不斷膨脹，可令人形成強烈的自我重要感，過高估量自我的能力和成就，對別人的批評反映甚強烈。在"皮格馬利翁效應"中，羅森塔爾的解析是教師和家長對孩子的積極期望，可以調整其學習熱情和潛力，使其在學習中充滿自信，超常發揮。

從中我們可以看出，適當地運用神話或童話故事，喻指或概括某種心理學現象可使其概念化顯得更加形象、生動並具文學色彩。佛洛伊德等人在這方面無疑做出了成功的嘗試，為後人樹立了很好的典範。

---

36 性本能，是身體的快感。

■ 甚麼是普賽克式愛？

青少年追星的歷程可謂自我編寫的美麗傳說。傳説中的主角通常具有神秘性、神聖性及幻想性等特點。在通讀了希臘神話故事、伊索寓言、安徒生童話選、格林童話選及中國古代的神話傳説後，如果需要通過某種神話故事或者寓言，來概括青少年追星諸多特點的話，我發現"普賽克式愛"（Psyche love）[37]是最合適的表達方式。主要有以下理由：

普賽克是西方文學中的一位神話人物，其故事共有兩則：一則是希臘神話中普賽克（Psyche）與丘比特（Cupid，含有"性欲"的意思）的愛情故事，另一則是安徒生童話中普賽克與雕刻家的愛情故事。在這兩則故事中，愛情的表達和追逐都是一方面十分熱烈、執着、充滿了性誘惑；另一方面卻是單向的、神秘的、高不可攀的。這非常能喻指青少年對崇拜偶像之充滿激情卻又是一廂情願的愛慕方式。

在希臘神話中，普賽克是一個重要角色，她與愛神丘比特的曲折故事是希臘神話中的經典故事（P.58 會簡述該故事），也為後來許多西方文學、戲劇中的愛情故事提供了最原始的模型，其中包括《灰姑娘》（*Cinderella*）、《白雪公主》（*Snow White*）、《睡美人》（*Sleeping Beauty*）和《美女與野獸》（*Beauty and The Beast*）等童話故事。在希臘神話中，普賽克處於一個被動、追慕他人的地位，她竭力以自

---

37 在拉丁文當中，psyche的發音為se-ke，其中文譯音可為"賽克"。但在中文對希臘神話的翻譯中，psyche一直被譯作"普賽克"。（詳見鄭振鐸：《希臘羅馬神話與傳説中的戀愛故事》，北京外國文學出版社，1982年版；葉君健譯：《安徒生童話全集》，上海譯文出版社，1991年版）。鑒此，筆者沿用其中文翻譯法，特此說明。

己的誠心和執着努力來換取他人的理解和信任。在此當中，普賽克倍受折磨，卻堅忍不拔，其誠心感動了上蒼，借助神的力量而最終實現了自我的目標。所以在古希臘文學中，普賽克代表一種美的精神和追求，後來也成了人類美的象徵。對普賽克的追逐代表了人對美好境界的嚮往，這當中充滿理想、幻想和自我安慰似的聯想，但也充滿了主角的神秘感、童真感、神助性等成分。這種嚮往也非常能表現青少年追星中對敬仰人物的高度理想化、浪漫化、絕對化的現象。

此外，普賽克（Psyche）一詞也是一個很好的雙關語：一方面，它在希臘文中表示靈魂（soul），因而有純潔、尚美的意思；另一方面，它又有心理學的含義，可用來表示對任何現象的心理分析。所以，普賽克一詞集靈魂、尚美、心理學和神話人物之名稱於一身，是一個很好的雙關語用詞。

愛神也被打動 —— 普賽克的神話傳說

從前一位國王有三位美麗絕世的女兒，小女兒最漂亮名叫普賽克。她雖美名遠播，但沒有一位王子或平民想娶她，而她的兩位姊姊卻早已出嫁。普賽克的父親便向阿波羅求籤，不料阿波羅竟回答要將普賽克穿上喪衣，送上山頂，不然將會大禍臨頭。國王把普賽克送到指定的地點，留她獨自在岩巔上。普賽克一直在哭，最後躺在草坪上睡着了。

普賽克醒來時，看見前面幽峭森林中有一座王宮，普賽克進去發現有無數的寶物，還有一把聲音告訴她想要甚麼就拿甚麼。而普賽克一坐下，各種食物就會自動被送上，可她卻看不到一個人。普賽克感到很奇怪。夜幕降臨，一個男人來到，躺在普賽克身旁，指是她的丈夫，可是普賽克卻看不到他的身影，只能聽他説話。第二天太陽還沒出來時他就走了，每天都是如此。有一夜，普賽克的丈夫告訴她將要遇到危險，因為她的兩位姊姊要找上山來，他勸她千萬不要理會她們，不然會有麻煩。但普賽克一再懇求丈夫允許她見姊姊一面。他只好答應她，但仍警告她不可聽信她們的話。

違反愛的承諾

次日，當兩位姊姊來找她時，普賽克吩咐僕人西風把她們帶到山岩上。姊妹見面後熱烈擁抱，然後普賽克把她們引進寶庫參觀，並允許她們拿走想要的東西。不過她們竟開始生妒，盼望自己也有這樣的好運，為此她們一再探究普賽克的丈夫是誰。普賽克只好編造了一個謊話，又送了一大堆金銀珠寶才把她們打發。當天晚上，普賽克的丈夫警告她不要再理會姊姊了，因為她們正在勸告你看我的臉，而如果你真的看到我的臉，就永不能再見到我了。普賽克聽得半信半疑。

第二天，兩位姊姊又來了。她們哭着對普賽克説："我們聽別人說，你每夜其實是與一條大毒蛇同睡。普賽克聽了很害怕，忘記了丈夫的警告，要姐姐告訴她該怎麼幹。姐姐教她取一把利刀放在枕下，再預備一盞油燈藏在房裏。當他熟睡時，用利刀砍去這毒蛇的頭。那天晚上，丈夫熟睡後，普賽克一手拿燈，一手拿刀走到牀邊時，但在燈光下她看見的不是毒蛇，而是英俊無比的丘比特！普賽克情不自禁地去吻他，可燈盞滴下一滴滾熱的油把他灼醒，丘比特醒來後非常生氣，一聲不響地飛上天去。

普賽克非常難過，找到一位姊姊後說：“你不是叫我殺我丈夫嗎？結果我昨晚執燈去看他時，發現他是維納斯的兒子丘比特！當我擁抱他時，一滴熱油落在他臂上，他醒來後就生氣地走了。”普賽克話還沒說完，她的姊姊就飛奔上山去，想讓丘比特帶她走。這時，吹來一陣逆風，她卻不顧一切地從山巔跳下去，竟摔死在岩石上。普賽克又碰到第二位姊姊，告訴她同樣的話，她同樣奔到山岩上，結果也同樣摔死了。

維納斯的重重難關

普賽克開始四處尋找丈夫。她見高山頂上有一所廟宇，便艱難地爬上山進了廟，她發現廟內百物雜亂無序，便整理收拾一下。這時維納斯出現了，她恨普賽克搶了她的風頭，又傷害了她的兒子。她設計要刁難普賽克，便取出麥、米、豆的粉混合，要普賽克將它們都分別出來，而且必須在傍晚前完成。普賽克不知該怎麼辦，但螞蟻受了神靈的感示前來幫忙，把雜粉按時間分開了。維納斯不甘心，又命普賽克在森林中把金羊的毛剪些帶來。普賽克又不知該怎麼做，但綠草受了神靈的感示，告訴普賽克在森林的草叢中收集金毛，因為它們大都掛在荊棘之上，這樣普賽克又收回了羊毛。維納斯仍不罷休。她又要普賽克去從山巔取一瓶黑泉水來，當普賽克站在山脊不知所措時，一隻山鷹受了神靈的感示飛過來，把黑泉水取來交給普賽克。最後維納斯竟要普賽克下地獄去取美容來。而正當普賽克想從一個高塔跳到地獄時，神靈又教她走進一個地穴，帶着所需的東西，繞過所有的陷阱，取得美容放在一個盒子裏，由地獄返回人間。但在最後一刻，普賽克禁不住誘惑，打開盒子看了，結果受了"睡眠"的侵襲，即刻睡死過去。

至此，丘比特被普賽克的愛深深打動，他展開雙翼飛向普賽克，從她臉上拂去"睡眠"，用一支箭尖觸醒她，然後帶她一同去見母親，求她放棄對普賽克的偏見。維納斯原諒了普賽克，允許他們結婚，永久生活在天堂。

縮編自鄭振鐸：《希臘羅馬神話與傳說中的戀愛故事》，北京外國文學出版，1982 年版。

■ 普賽克神話的寓意

普賽克神話傳説有以下四點寓意：

（一）愛可使人義無反顧地奉獻自我：普賽克由於愛慕丘比
特，所以為了獲得他的愛和理解，可以甘心忍受維納
斯給她設置的重重磨難，以奉獻自我而感召上蒼，得
以獲得神助，最終得到愛的回報；

（二）愛需要有神秘感：在相當長的時間內，丘比特對於普
賽克來講是神秘的、無形的、可觸不可見的，甚至是
虛無飄渺的。所以，普賽克對丘比特的愛完全是單向
的，其親密感也是從想像中獲得。而當普賽克背叛了
對丘比特的承諾時，這一切也就自然消失了；

（三）愛不可以忍受欺騙和愚弄：普賽克由於背叛了對丘比
特的承諾，一度被拋棄，普賽克的兩位姐姐也由於欺
騙妹妹而受到天的懲罰；

（四）愛需要有執着和忍耐：普賽克在覺醒後，以極大的執
着和忍耐去追回失去的愛，其中飽受焦慮和悲傷的折
磨，其真誠終於感動了上蒼，幫助她最後和愛人團聚。
這種愛的雙向體驗，構成了普賽克式愛的本質。

夢與現實的距離 —— 普賽克的童話故事

丹麥著名童話作家安徒生（H. C. Andersen）也曾寫過一篇有關普賽克的童話故事。但在這故事中，普賽克不再處於被動、追慕他人的地位，而是處於一個高傲、神秘的地位，並以自己的存在，給他人帶來巨大的生活激情和心靈折磨。此外，較之普賽克的希臘神話傳說，普賽克的童話故事更強調愛情的激情及其虛幻覺醒的重要性。

古羅馬時代有一位年輕藝術家，他人雖窮，卻很有才華。他夢想創造出一個屬於自己的普賽克，可他卻總是不滿意自己的作品。一天，他經過一個華麗的宮殿，看到了一條掛滿了美麗圖畫的長廊，中間有個小小的花園。正當他看得發呆時，這座宮殿主人的女兒走過，她是那麼的美麗優雅，年輕人從來沒有見過這麼一位美麗的女性，感覺好像女神剛從這兒走過。

獲得創作靈感

年輕人牢牢地記住了這位姑娘的形象，回到家中立刻用黏土塑造了一位普賽克的美女形象。這是他第一次對自己的作品感到滿意。他的朋友看到這件作品也都向他表示祝賀。接下來，年輕人用一塊貴重的大理石來雕刻這位女孩，這是他父母留給他唯一的財產。他要使這塊大理石獲得普賽克的生命，讓它成為一件不朽的藝術品。

一天，一羣貴族路過他的房間，順道參觀了他的藝術品。正巧那位貴族小姐和她的父親也來了。她父親指着這尊塑像忽然對女兒說："這簡直就是你！"女兒也笑着說："待這個普賽克的大理石雕刻出來後，我將買下它！"這時，年輕藝術家的全部熱情像火一樣燃燒起來。他把全部的精力和才華都投入到創造這件普賽克形象的工作中。

最後，年輕的藝術家完成了自己的傑作。他去通知那個美少女，而當他見到她時，他控制不住自己的感情，説他深深地愛上她。不料卻激怒了這位高貴小姐，命人將他趕出家門。藝術家跌跌撞撞地回到家裏，陷入一種瘋狂狀態。他要舉起錘頭砸爛這尊雕刻好的大理石像，但他的朋友及時從他手中奪走了錘子。這使年輕的藝術家感到異常沮喪。

　　他的朋友把他拉到一家酒吧，盡情地喝酒。最後，年輕的藝術家喝醉了，喃喃地説："我從來沒有感到像今天這樣歡樂過！現在我明白了，人是現實的，不是虛幻的。"那天晚上他回到家裏，望着那尊大理石像，心中充滿了苦澀。此後在一天黑夜裏，他將大理石像推進一口深井裏，用土和草把它掩埋起來。不久，他就抑鬱身亡。

　　許多個世紀過去，一天人們在花園裏挖墳坑時，竟挖出了一尊雪白的大理石雕刻。"天哪！這是多麼完美的一件藝術品呀，它就是普賽克！"人們異口同聲地稱讚到。人們還聯想到，那個雕刻家也很了不起，他賦予普賽克一個不滅的靈魂，使她永遠讓人們感受到甚麼是"美"。

縮編自葉君健譯：《安徒生童話全集》，上海譯文出版社，1991 年版

■ 普賽克童話的寓意

普賽克童話有以下四點寓意：

（一）愛會給人帶來無比巨大的激情和力量：年輕的藝術家由於愛上普賽克，迸發出無限的創作激情和能量，以至於最終雕刻出傳世之作來；

（二）愛使人產生許多激情和虛幻：年輕的藝術家對普賽克的愛是熱烈的，也是一廂情願的，他把普賽克的一切都想得太美好了，並由此產生了許多虛幻；

（三）愛使人承受煎熬：當年輕藝術家的愛被普賽克拒絕後，他感到痛不欲生，一蹶不振，最終竟然抑鬱而死；

（四）人只有相信自我，才能達至最終的自我實現：年輕的藝術家的價值是在他死之後才被人發現的，他的作品向世人證明，他是一個偉大的藝術家，儘管他英年早逝。

總之，安徒生的普賽克童話故事也是一齣悲喜劇。屬悲劇在於年輕的藝術家正是由於愛上普賽克而陷入失戀的深淵，最終抑鬱而死；屬喜劇在於年輕的藝術家正是由於愛上普賽克才靈感迸發，激情似火，終而雕刻出傳世之作，向世人證明自我的價值。這也正是普賽克雙向式愛的寫照。

■ 充滿迷幻的單相思
——追星的"普賽克式愛"

在普賽克的神話傳說和童話故事中，愛情和渴望與滿足都是其主線。雖然這種愛的渴望和追逐是相當熱烈和執着的，但其表現卻是單向的、不平等的、甚至是虛幻的。無論是普賽克熱烈地追逐丘比特，還是普賽克被人熱烈地追逐，其愛的交流都不是對等的，其親密感的體驗都不是真實的，其激情與奉獻都是單向的。

普賽克故事中這種愛情體驗的單向性、虛幻性、奉獻性和交雜情緒體驗能概括現今青少年追星之激情投入、浪漫幻想、沉溺式依戀、全盤接受、虛幻神秘感等心理特徵。換言之，這種崇拜的本質是一種虛幻的愛慕，它充滿了理想化、浪漫化、絕對化的認知成分，因而使得不少青少年沉湎於對偶像的夢幻當中難以自拔。由於這種可比性，筆者提出以"普賽克式愛"來喻指青少年追星的心態，並認為它包含以下三個心理特徵：

（一）"普賽克式愛"中夾雜了大量的理想化、浪漫化、絕對化認知成分。這強化了人們心目中的偶像形象，儘管他/她與現實生活中的形象可能有很大距離。

（二）"普賽克式愛"是一種單向情感交流，充滿了虛幻性和神秘感，而這種虛幻性和神秘感一旦被毀滅，人可能會產生巨大的失落感。

（三）"普賽克式愛"是一種雙向情緒體驗，它一方面可給人帶來巨大的激情和動力，使人情緒興奮激昂；另一方面也可給人帶來巨大的困惑和壓抑，使人情緒上下波動。

美國歷史學家格蘭特（Michael Grant）[38] 曾說："雖然並非所有神話都具有某種寓意，但幾乎所有的寓意都包含在神話中。[39]" 由此，當一個青少年對其偶像的崇拜滿足了以上三種特徵，那麼我們就可以用"普賽克式愛"來概括其追星的特質。這種崇拜的核心是對偶像的無條件的愛慕、依戀和認同。

最後，下圖展示了普賽克神話寓意、普賽克童話寓意與"普賽克式愛"三者之間的關係。

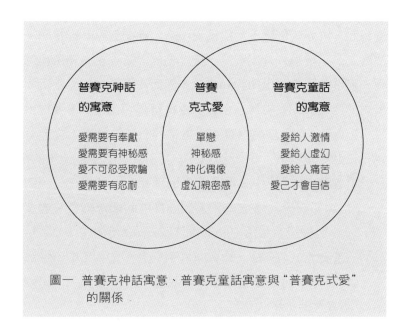

普賽克神話的寓意

愛需要有奉獻
愛需要有神秘感
愛不可忍受欺騙
愛需要有忍耐

普賽克式愛

單戀
神秘感
神化偶像
虛幻親密感

普賽克童話的寓意

愛給人激情
愛給人虛幻
愛給人痛苦
愛己才會自信

圖一　普賽克神話寓意、普賽克童話寓意與"普賽克式愛"的關係

38　Grant, M. (1962). *Myths of the Greeks and Romans*. New York: New American Library.

39　這句話的原文為：Though myth is by no means always allegory, allegory is nearly always myth.

青春偶像的力量

青春偶像的力量是一種潛在的力量，它的力量與美不在偶像本身，而在於這偶像對於青春的作用，它像一面鏡子，照出了平凡世界裏粉絲湧動着的激情。

在這個炎熱的夏季，"青春偶像"成為網絡上流行的一個主題。尋找、嚮往、或者呼喊，熱火朝天的氣氛，並不只是漂浮於時光的水面，它的熱度在我們的内心聚集。也許只是片刻之後，這個詞語連同生命的激情和夢想，就像成熟的果實，在生命的枝頭懸掛着。我們於是，忍不住激動，沉醉於從内心深處散發出來的香甜氣息。

青春偶像，是寂寥夜空上的星斗，指引心靈方向。青春偶像，是從兒時的美夢中開始閃爍的燈塔，是溫暖的火焰；那光明的來路以及火焰的溫度、是靈魂的養料、是孤單生命對抗現實的勇氣。

世界上眾多的知名人物，之所以成就了一番偉業，超越平庸。都是由於他們心中有一位偶像，那偶像也許遙遠，也許已成為歷史。可是它的力量卻在世間持續，他通過心靈的感知和傳遞，從遙遠到達了眼前，從彼岸抵達了此岸。

青春偶像是理想的參照物，是人們内心渴望的現實支點，是我們心中的"神"。它在誕生的那一刻開始，就給我們的心靈下達了指令：熱愛我、追趕我、超越我！

假如你去探究，你會發現，這指令的魔力令人吃驚。你會發現，人類的偉大就在於，他善於從偶像的身上，學習借鑒，激勵超越。人類的進化，人類的文明的進程與偶像的力量也不無關係。當第一隻猿猴學會了製造工具，牠於是成為了其他猿猴心目中的偶像；當第一個原始人開始懂得羞恥，用獸皮和樹葉遮住赤裸身體的時候，他又成為了所有原始人的偶像。人類正是在對一個個偶像學習、超越，從原始森林走到了城市，從一絲不掛走到了衣冠楚楚，從野蠻無知走到了知識淵博。

有這樣一個傳說，魔鬼和天使原本是兩個人的名字，而且他們是孿生兄弟。可是後來，魔鬼和天使長大了，選擇了不同的偶像。魔鬼的偶像是撒旦，天使的偶像是上帝。再後來，魔鬼就真的變成了魔鬼，成為了邪惡的象徵。而天使則成為了光明、聖潔的象徵 —— 可見，在青年時期，在我們的心中樹立一個怎樣的偶像，是一個不容忽視的問題。它甚至可以影響到我們一生的命運。

學秦皇漢武，一統天下；學王祥虞舜，孝感動天；學毒蛇猛獸，荼毒生靈；學閒雲野鶴，逍遙人生……偶像的力量，在人們的心裏發芽，然後在世界上長成野草、荊棘、花卉、或者森林。古語有云："擇善而從之"。可見古人對於偶像的樹立已經學會了辯證的思考，那麼我們呢，是否也應該慎重地思考一下，我們究竟應該選擇誰，作為我們心目中的偶像？

信仰不意味着相信，只意味着願意相信。偶像也是這樣。當你在心中確立了一個偶像以後，他的生命就會在你心裏生長，他的力量就會在你的血液裏奔跑 —— 你聽，你聽，那偶像花開的聲音，多麼美妙的聲音 —— 假如你有善於傾聽的耳朵，善於思考的心靈，你會在這動聽的聲音裏，聽見你一生的命運……

摘自胡凡：《青春偶像的力量》，南方網，2004 年 8 月 31 日

1.7 追星探視：F4 研究

2002 年 12 月 18 至 22 日，筆者趁 F4 於香港舉辦 F4 Fantasy 演唱會期間，在紅磡體育館現場採訪了 265 名香港青少年，其中男生有 44 名（16.6%），女生有 221 名（83.4%），平均年齡約為 15.35 歲。採訪由經過訓練的香港城市大學應用社會科學系的學生完成。他們在演唱會開始之前，以隨機抽樣的方式採訪現場等候入館的青少年觀眾。

研究的採訪問卷是特別設計的，它分三個部分：第一部分調查對 F4 每個成員的態度，它共有 4 道題目，其中涉及喜歡或不喜歡 F4 成員的具體理由；第二部分調查對 F4 組合的喜歡動機，要求受訪者按重要性排列下列喜歡 F4 的理由：外貌好、有性格 / 個性、有演藝才華（演技好、唱歌好、跳舞好）、有學識、有品德 / 修養、有錢、有成就、身材好、人氣旺等 9 個理由，以 1 代表最重要，9 代表最不重要；第三部分調查對 F4 的崇拜動機，它共有 10 道題目，涉及心理認同、浪漫幻想、才能欣賞、容貌欣賞等方面的內容，並以 1-5 的方式加以評分（1 = 最不同意，5 = 最同意）。

對於採訪第一部分的調查結果，筆者將受訪者喜歡 F4 的所有理由分為五大類：樣貌特徵（如：外貌好、有型）、才能特徵（如：會演戲、唱歌、作曲）、魅力特徵（如：得意、可愛）、性格特徵（如：孝順、勤力、有上進心）及知識特徵（如：有上進心、學歷高），然後以百分比圖表的形式加以展示（參看 P.70 圖二）。對於第二、三部分的調查結果，筆者對其平均值做統計分析（t-test），再以圖示。

在受訪的 265 名香港青少年當中，F4 的成員中，周渝民最受青睞，樣貌特徵最受關注，F4 的演藝才能普遍被認為次等重要，女生明顯較男生更認同 F4。這些發現說明，受訪的青少年對於 F4 的關注或崇拜的確以樣貌特徵和才能特徵為主導，它在女生中表現得更為突出。這些發現充分驗證了青少年"明星崇拜"之形象性和流行性特徵。換言之，受訪青少年對 F4 的崇拜基本是表層性欣賞，而非實質性欣賞。然而，欣賞一位偶像的外部特徵，充其量只能給人帶來美的享受及作為模仿對象，卻不能促進一個人的自我成長。而認同一位偶像的內在特質，會推動一個人去積極辨別偶像身上那些有利於個人成長的特徵，把偶像所代表的精神內化為自我成長的動力。所以，本研究結果再次提醒我們，香港青少年宜從不同層面來看待偶像的價值，提高對偶像認同的批判意識。只有這樣才能化追星為榜樣學習，終而在偶像的感召力下促進自我的奮鬥與成長。

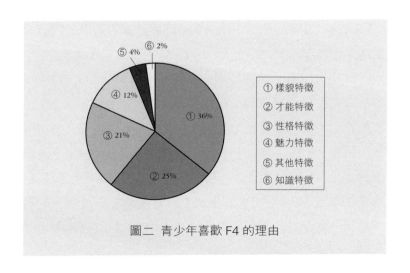

⑤ 4%　⑥ 2%

④ 12%

③ 21%

① 36%

② 25%

① 樣貌特徵
② 才能特徵
③ 性格特徵
④ 魅力特徵
⑤ 其他特徵
⑥ 知識特徵

圖二　青少年喜歡 F4 的理由

本研究還表明，受訪者並不看重 F4 的財富、名氣、富豪生活等特徵，這似乎說明受訪者對 F4 的認同與崇拜並非在名利方面。若真如此的話，則表明受訪青少年的追星方式頗為成熟，因為許多青少年追星就是為了追求明星的名利和風采。

青少年追星調查

多數青少年把追星現象視為普遍、正常的人生追求，而非青春期特有的反應，並對此表示理解和有相當的共鳴。他們不願意對周圍的追星現象進行簡單的價值評判，而希望具體辨別和分析。

調查顯示，有 60.4% 的被訪者不贊成追星只是年輕人才有的現象，並且當中有 10.4% 認為這種説法是對青少年的不信任。有 39.2% 的被訪者對其父母輩的崇拜政治領袖或知識精英表示很能理解，36.0% 表示較能理解，並有 8.9% 認為要看崇拜誰。這説明多數青少年把追星現象視為普遍、正常的人生追求，而不僅是青春期的反應。他們並不認為長輩的崇拜人物或事物和崇拜方式與自己有很大的不同，或比自己更崇高、更正確。

應該説，他們對自己身邊普遍存在的追星現象感到正常、表示理解，並有相當的共鳴，很少人認為這種現象嚴重影響他們的學習和成長。如：只有 13.7% 的被訪者認為那些瘋狂的追星同學已經出現了一定程度的心理問題，認為其瘋狂行為影響了自己的正常學習的只有 12.2%。對於其他同學出現的追星現象，56.6% 的被訪者認為自己不會大驚小怪，25.2% 表示自己覺得無所謂，12.0% 認為這要看他們追的是哪位明星。3 項合計 93.8%，再次證明追星現象存在的普遍性和青少年羣體對其普遍性的認可度。

調查顯示，對於崇拜某人就是個人迷信的觀點，有 64.6% 的被訪者不贊成，有 21.0% 認為有些人是，有些人不是。對於追星就是追求個性的觀點，有 37.2% 的被訪者表示不贊成，但又有 47.5% 認為有些人是，有些人不是。對於追星的同學與不追星的同學是否有區別的問題，36.3% 認為沒有區別，30.4% 認為有些有，有些沒有。看來，不少青少年對追星現象的態度是相對理性的。

來源：潘一禾 (2003)，青少年偶像崇拜現象調查報告，《中國青年研究》，2003 年第 2 期，頁 24-33

第二章

追星與自信

2.1 追星的自信心

　　將追星的類型做一個劃分，其中以"偶像認知"為橫坐標，以"自尊自信"為縱坐標，將追星劃分為四類：自信型追星、自戀型追星、自卑型追星、自誤型追星。這四種類型，每一種都具有不同的特點。

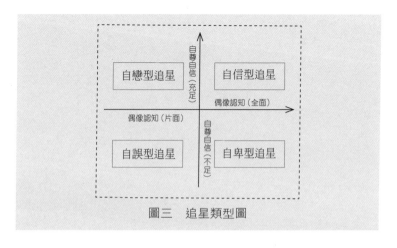

圖三　追星類型圖

追星類型表

追星類型	組成部分	追星特點	形象描述
自信型追星	自尊自信充足、偶像認知全面	積極進取	追得明白，追得理性
自卑型追星	自尊自信不足、偶像認知全面	妄自菲薄	追得困惑，追得混亂
自誤型追星	自尊自信不足、偶像認知片面	癡迷自憐	追得苦澀，追得辛苦
自戀型追星	自尊自信充足、偶像認知片面	狂妄自大	追得任性，追得霸道

自戀型追星

位於圖三中"自尊自信充足"與"偶像認知片面"區間。其特點是依賴對明星外在形象的感性認知，同時對自我評價過高，因此往往在追星過程中過分要求，肆意妄為，無理取鬧。

自卑型追星

位於"自尊自信不足"與"偶像認知全面"區間。其特點是對明星外在形象和內在特質均有良好認知，但對自我評價過低，因此雖然追星行為理性，有敬佩與學習的期望，但是自歎弗如，妄自菲薄，反而壓抑焦慮。

自誤型追星

位於"自尊自信不足"與"偶像認知片面"區間。其特點是單純迷戀明星某些外在特質，同時對自我評價過低，因此追得辛苦，追得迷茫，追得委委屈屈。

自信型追星

位於“自尊自信充足”與“偶像認知全面”區間。其特點是對偶像有全面理性的認知，同時對自我評價積極正面，因此追得明確，追得自然，在追星中實現自我成長。

在上述四類追星中，唯有“自信型追星”實現了積極的行動與積極回饋的良性互動。其餘的三種都是“單向迷戀”，投入情感、精力、時間、金錢之後，或者得到虛幻滿足，或者只是自取其辱，甚至最終一無所得，總之都不能收到激發潛能、自我成長的效果。追星的真諦在於它是平等互動，認識自我，完善自我。與此相反，不顧一切地投入，或者將熱情強加於偶像，卻不能在追星中清醒地認識自我，那麼不僅追星行為最終會陷入了狂亂、失落中，連自己的人格也可能輸得一塌糊塗。

2.2 做中國的奧花雲費

── 陳魯豫的自信型追星[1]

陳魯豫，鳳凰衛視的著名主持人，主持訪談節目《魯豫有約》，深受觀眾喜愛。她崇拜的偶像是誰呢？

"我要做像奧花雲費（Oprah Winfrey）式的節目，帶來好多觀眾，每天都播。"這是陳魯豫在 1995 年初次到美國埋下的一個夢想。奧花雲費是一位美國人盡皆知的人物，同時也是一位具有傳奇人生和頗受爭議的美國黑人女性。而魯豫的偶像正是這位打動人心的"清談節目女王"。

2004 年 6 月 12 日，鳳凰衛視宣佈《魯豫有約》改版，節目搬進了直播室，每場有 300 位觀眾，每天一場。那天是陳魯豫的生日，在這一天她開始了夢想已久的追星模仿秀。

對於偶像的認識，陳魯豫的內心也經歷了一個漸變式的成長。她說："最開始看她，我純粹就是一位觀眾，她在電視上，看到她，我就想：'哎呀，有一天我要是能做這樣一個節目就太好了。'那時奧花雲費是我的夢想，我渴望有一天能像她一樣在電視上跟人交流。但其實我們之間沒有可比性。她的一舉一動我會關注。但是我更願意在心裏關注。如果她是我的榜樣，我會放在心裏，偷偷的，我不願意讓別人知道。奧花雲費一直是我關注的主持人，我知道她在南非開了一所女子學校。"

然而同時，魯豫又清醒地認識到，她畢竟和奧花雲費有不同的個性，生長於不同的文化環境，人生經歷也大不相同。正如她所

1　資訊來源：《南方週末》，2007年2月1日，《陳魯豫："讓你的嘉賓愛上你"》。

説：“誰都是不可模仿的，而且你要是去模仿一個人是很傻的事，我覺得做我自己就好了，人不可能成為另外一個人。”

魯豫一直關注奧花雲費，希望成為奧花雲費一樣成功的主持人。但是她又覺得，奧花雲費的人生目標太高，並不適合盲目模仿。中國跟美國的電視生態不一樣，市場也不一樣。魯豫有時候也會想：“有一天要是像她那麼成功了，未必幸福。我覺得像她那麼成功，需要很高的情緒智商，才有可能保證自己至少不會太痛苦。她可能屬於情商比較高的人，我覺得她至少看起來過得還挺幸福，但我總懷疑一個人那麼成功以後能不能幸福，我覺得很難。”

由此，不論在生活中還是工作中，陳魯豫一方面將奧花雲費作為偶像，一方面又保持自我的獨立。終於有一天，她的努力工作加上獨特的風格贏得了圈內外廣泛的讚譽。

2007 年 3 月 5 日，一篇名為《陳魯豫：中國的“奧花雲費”》的文章出現在 CNN 網站的頁面上，文章將“中國奧花雲費”的美譽毫不吝惜地加給了鳳凰衛視著名主持人陳魯豫，並對她堅持了五年頗具中國特色的“脫口秀”節目《魯豫有約》，給予了充分關注與肯定。

2009 年 8 月 26 日，陳魯豫應邀接受了奧花雲費的採訪，並通過衛星連線共同主持了王牌訪談節目《奧花雲費秀》，訪談主題是 “fame around the world”（《名滿天下》）。這是奧花雲費第一次利用衛星進行跨國視像連線採訪，首次邀請亞洲主持人作為嘉賓和她共同主持一期節目。

陳魯豫終於以如此夢幻的方式，達到了自信型追星的最高境界。

明星成名前的職業

　　明星並不都是生來就是明星。他們在成名前，可能只是默默無聞的打工族，但是通過他們的持續努力和勤奮，終於成就現在的明星地位。這就說明，青少年的追星，其實更應該關注明星本身奮鬥的一面。

張　柏　芝：酒樓點心妹

李　若　彤：空姐

周　　　迅：廉價掛曆明星

章　子　怡：榨菜美眉

王　　　姬：旅館經理

張　惠　妹：台東農民

郭　富　城：冷氣技工

李　宗　盛：送氣工人、業務員

周　潤　發：酒店小弟

王　　　傑：全能打工仔

朱　孝　天：快遞員

阿　　　杜：工地監工

迪克牛仔：挑磚工人

梁　朝　偉：電器售貨員

劉　德　華：洗頭仔

何　家　勁：搬屍工

古　天　樂：貨真價實古惑仔

來源：《文化報》2006 年 9 月 21 日

　　點評：

　　偶像也是人。當我們走近偶像，透過那炫目的七彩光束，看到的是一條條普通的小路。生命之初，他們也同我們一樣平凡地降生，同樣啼哭；而後來驟然響起的掌聲，則是對他們長久以來艱難跋涉，執着追求的最終肯定。

2.3 要成功就變成謝霆鋒
—— 謝濤的自卑型追星[2]

謝濤從小瘋狂崇拜謝霆鋒，模仿他唱歌以及神情舉止。大專畢業後，他鼓起勇氣參加了一次模仿秀大賽，評委卻很直接地對他說："對不起，你的樣貌實在不適合參加比賽。"大受打擊的謝濤立志要整容，整成跟自己的偶像一樣。

手術後的謝濤受到媒體的熱切關注，採訪過謝霆鋒的攝影記者驚歎："的確像，連那個靦覥的神情都像。"謝濤說，崇拜謝霆鋒是從小開始的，但從沒人說過自己和偶像有相似的地方。去年自己在家鄉參加一個明星模仿秀，沒想到卻遭遇一句讓他大受傷害的評價。說起那個評委，謝濤還很激動。因為評委的這句話，謝濤一蹶不振，隨後在深圳打工的幾個月換了幾份工作，卻始終沒有信心面對生活，情緒低落，經常通宵上網，最後決心整容。他說，"評委那句話深深傷害了我，我要爭一口氣，說我長得不行，我非要整成像謝霆鋒那樣。"

為了整容，謝濤花掉了六萬多元，整容的過程中也遭到不少冷嘲熱諷，但他說："因為崇拜謝霆鋒，所以整成謝霆鋒，不在乎別人怎麼看。"

整容變偶像

整容後的謝濤再次參加了電視台舉辦的選秀活動。當天，被稱為"人造謝霆鋒"的他，成為了關注度最高的"亮點"。謝濤一上台，就引來觀眾的一片譁然，大家議論紛紛：

2　資訊來源：《南方都市報》，2006年2月15日；新浪娛樂http://gd.sina.com.cn，2006年2月28日。

"這不是謝霆鋒嗎？"。謝濤毫不避諱的稱："我是喜歡謝霆鋒，才花錢整容變成他。我想像他一樣能夠在娛樂圈發展。我非常喜歡《愛拚才會贏》，想通過它達到我的夢想。"

謝濤挑選了謝霆鋒的《因為愛》作為參賽歌曲，然而他那五音不全的唱功，卻讓人不敢恭維，沒唱幾句，就被評委們打斷。評委説："你對理想的執着，令我們感動，但你有沒有想到，成為一位優秀藝人，不僅僅是因為你整得像那位明星，就可以成功的了。你的勇氣可嘉，但你還是練好唱功再來比賽吧。"三位評委都不贊成他過關。評委之一的謝晶晶認為這種行為不值得提倡，還反問謝濤："假如每個人都像你整容成劉德華、張學友，他們就能成為劉德華、張學友嗎？"最終謝濤還是憑藉觀眾的"同情分"勉強過關。謝濤也表示，在之後的比賽過程中會拜師學唱，練好唱功再來參賽。然而此後一過數年，我們卻再沒有聽過謝濤的消息。

事實上，謝濤並非個案，近年越來越多人為了追星而要整容成偶像的模樣。然而這些"山寨版"的明星卻沒有一個能夠借此造就人生的成功，因為他們都有一個共同特徵：缺乏自信。長得像明星，或是做個人人羨慕的美人，固然能令人感到榮耀，但人類除了有"趨同"心理之外，還具有"求異"的需求，尤其在現代社會，我們更提倡人格的獨立和個性的表達。

為追星而整容，這些年輕人缺少的並不是一張好面孔，而是缺少一個心理醫生。

我們都在扮劉德華

長春男子吳國華十分崇拜香港明星劉德華，他花費了 2 萬多元在廣州一間醫院完成多項整形手術，令自己的樣貌更接近偶像。據稱，他還有朋友不少立志做其他的翻版明星。

這位翻版"劉德華"看上去確實跟劉德華真人頗為相似，從髮型到服飾，甚至神態動作，他都模仿得很相像。不過，因為年齡關係，吳國華顯得比較稚氣，在氣質上仍無法和天王媲美。記者發現，吳國華尤愛照鏡，他坦承，因為幾乎要學習偶像的一切，他也跟着"自戀"了。他説，如果戴上墨鏡，一般的"粉絲"還經常將其認作偶像。

26 歲的吳國華家在長春，小時候，他就常聽人們説自己的父親酷似劉德華。幾年來，他一直堅持模仿劉德華，包括跟他一樣去學川劇變臉，此前他學唱了《中國人》等偶像的四首歌，並在一些地方表演。但他十分清楚自己的定位，只能通過模仿，而不能真正過明星的物質生活。這既是愛好，也是一種謀生方式，如果變醜也能賺錢，那麼變醜也是無所謂的。

吳國華表示，他身邊還有不少人熱衷於類似的明星模仿秀，常有相關的聚會，能召集一大堆"翻版"劉德華。讓他覺得好玩的是，雖有高矮肥瘦的差距，但大家或此或彼地與劉德華相像。"我們都在扮他，但我們都沒有見過他。"

來源：《南方都市報》2006 年 3 月 2 日

點評：

偶像是不可以被完全翻版的，模仿也只是為了滿足虛榮。崇拜的合理性，應該基於青少年心理需求的契合，並非具體形象的契合。

2.4 瘋狂愛慕劉德華
—— 楊麗娟的自戀型追星

劉德華先生，親切的華仔：

你好！請在百忙之中儘快見見我們的孩子麗娟一面吧，求你救救她吧！

因為對你的癡迷和追求，她已經付出了青春的代價。因為她對你的執着、癡迷的追求已經有 12 年了。她從 1994 年起至今，每天幾乎都夢見你，每天都望着你的畫像默默地與你説話。我們女兒最大的心願就是今生能夠見你一面，對她來説，你就是她的惟一。

我們的孩子十分自信地認為，她和你一定有緣見面。不僅如此，她還認為你一定知道她的心，一定會見她的。如果見不到你，她會為此付出自己的生命，作為父母，我們心疼，我們揪心，只有你才能救她一命！

我們的孩子從 1994 年開始就做了很多關於你的夢，而這些夢的內容後來竟神奇地出現在你的許多歌詞中，她除了全部學會你的歌曲外，還會模仿你的簽名。她説，你的身影分分秒秒都在她的眼前和心裏，除了你，她已經感受不到父母的愛和其他美麗的東西。

為見你，她曾去了香港兩次，還去了北京，但都不能見到你，為此我們已經傾家蕩產，我們的女兒因此受到巨大打擊，精神面臨崩潰的境地。同時她還通過文化部和中央電視台，轉交了寫給你的信件，但至今都沒有得到你的回音。

　　請你見見她吧，見見她吧！不然她就精神崩潰了，救救她吧！

楊麗娟的父母泣淚至上

2006 年 3 月 23 日

　　這封信，出自甘肅蘭州市一位普通父親之手，讀來讓人痛心和無奈。他的女兒因為瘋狂迷戀劉德華，深深陷入追星的泥沼而無法自拔。

　　這位苦追香港明星劉德華的女子就是楊麗娟，一直癡癡地追求自己心目中的偶像，並且發下誓言"不見劉德華，我決不嫁人"。她前後三次前往香港和北京尋找和劉德華面對面的機會。其家人為了完成她和劉德華見一面的願望，不惜一切代價，不僅債台高築，就連家裏不足 40 平方米的房子也賣了，幾乎傾家蕩產。父親甚至要"賣腎"為她圓夢。

瘋狂歌迷

　　自 1994 年開始至今，楊麗娟對劉德華的追求已經不能簡單地用歌迷對歌星的癡迷來衡量了。據楊麗娟講，喜歡劉德華，源於 1994 年 2 月一個晚上做的夢。當晚，楊麗娟夢見自己的房間裏有一張劉德華的照片，照片上左右分別寫着：你這樣走近我；你與我真情相遇。正是由於這個奇怪的夢，令當時只有 16 歲、正處於花季年齡的楊麗娟喜歡了劉德華。劉德華的影子幾乎出現在她的每一個夢中。楊麗娟畫思夜想、失眠、吃不下飯，甚至把自己關進房間裏，不與任何人説話。每天除了在電視欣賞劉德華的演唱會外，就是從各種娛樂雜誌上剪貼劉德華的相片。12 年裏她不僅荒廢學業，而且斷絕和男女同學的聯繫。在她的房間裏到處都貼着劉德華的宣傳海報，所用的手機也是劉德華代言的品牌。

不僅如此，楊麗娟多次寫信給劉德華，甚至去北京通過文化部轉交信件給劉德華，但她等到的卻是失望。數次失敗後，楊麗娟近乎崩潰的境地，多次有輕生的念頭。楊麗娟的母親由於體弱多病一直沒有工作，67 歲的父親是中學退休教師，每個月 1900 元的退休工資，不僅要維持一家人的生活，而且因女兒追星而要還欠債。起初，楊麗娟的父母對女兒的這種癡迷行為多次勸説，但他們的苦心不僅沒有得到理解，反而被女兒誤解，與女兒產生了很深的隔閡。

對於如此瘋狂的粉絲，劉德華本人如何評價呢？他通過經理人明確批評其行為是"不正確、不正常、不健康、不賢順"。他決不會理會楊麗娟的要求，並呼籲她停止過火的行為。

自戀式的愛慕

表面上看，楊麗娟苦追劉德華是一種他戀的情感，其實卻是自戀所致，為甚麼呢？這就是我們所要澄清的問題。

首先，我們要清楚甚麼是自戀？自戀具有三大特點：第一，高度地以自我為中心；第二，自我陶醉；第三，極端地自我偏執。

自戀可以分為兩種，第一類是自我陶醉，沒有自知之明的自戀。比如曾於網絡上發放穿上怪異裝束或做奇怪動作相片的芙蓉姐姐，給人的感覺就是一個高度自戀的人。她對自己的評估和世人對她的評估相差很遠，但她卻樂在其中。

第二類自戀者，缺乏同感、共情，不能換位思維。楊麗娟就屬於這一類，她的自戀表現僅僅追逐劉德華一個人，到香港以後，不能與劉德華單獨見面誓不罷休。事實上，我們在網上也能夠看到，劉德華已經與楊麗娟見面，並且與之合影了。但楊麗娟並不滿足，她要求與劉德華單獨見面。這就已經是強加於人、無理取鬧了，已經完全是非理性了，這屬於典型的操控欲強的人。可以説，楊麗娟的超級追星行為已不是為見到華仔來表現對他的敬仰，而是滿足自己超級膨脹的控制欲。

操控欲強、缺乏同感、共情者都是典型的自戀表現，所以説楊麗娟的主要問題是自戀。

給楊麗娟開藥方

楊麗娟該如何走出困境，如何成長呢？

首先，要學會逆地而處，感同身受。要學會感受到自己不達目的誓不罷休，會給他人所帶來的壓力。好比，一個楊麗娟並不喜歡的男孩子站在樓上對楊麗娟說：「我喜歡你，你答應做我的女朋友，否則我就死給你看。」楊麗娟可能會說：「憑甚麼呀。」同樣的道理，那麼華仔又是憑甚麼要接受呢？

楊麗娟認為她從很遠的地方趕來，所以華仔應該給她單獨見面的機會。同樣的，華仔那麼多"粉絲"也一直都在默默地關心他，難道他們就沒有奉獻嗎？學會逆地而處是非常重要的。

第二，學會理性思考，化偶像為榜樣。每個人在成長過程中都需要偶像，但是把偶像絕對化，甚至達到這種極致的程度就適得其反了。我們對待偶像應該是心理上的認同，而不應該是情感依賴或者情感依戀。所謂心理認同，就是通過對偶像內心的認同，從中學到了甚麼；而所謂的情感依賴，是指愛到沒有邊界甚至要生要死，已經完全失去理智。事實上，偶像是理想自我的化身，而唯有完善自我才能和理想自我相結合，達到自我實現。楊麗娟現在要做的是自我完善，自我實現而不是進行超級追星的過態行為。

第三，建議楊麗娟告別華仔。當華仔這樣主宰她的人生，這種主宰已經超越了心理認同的限度，楊麗娟真實的自我其實正悄然間走向毀滅。因此楊麗娟的人格成長最終有賴於告別華仔，真實地做回自己！

最後，由衷的希望楊麗娟能夠"夢醒時分"，實現自我！

2.5 渴望如孫燕姿纖瘦
—— 曾依的自誤型追星

曾經是班長兼學習委員、曾經擁有美麗容貌的超級粉絲曾依，卻想把自己變得像孫燕姿，憧憬參加超級女聲，便瘋狂減肥，令她的體重從 44 公斤減至 25 公斤，並患上了神經性厭食症，整個人形同枯槁。更讓人不解的是，2005 年 8 月 13 日，15 歲的曾依不辭而別，不知所蹤。

其實，沒有減肥前的曾依漂亮而充滿活力，一年後節食減肥的曾依卻骨瘦如柴。2005 年的一天，從岳陽來長沙苦尋女兒的曾勇拿着女兒一年前的照片和這一年 7 月份的照片放在一起，讓人難以相信她的變化。

"曾依如果不生病出走，今年 9 月份將讀初中三年級。"曾勇說，女兒喜歡追星，她的偶像是歌星孫燕姿。瘦瘦的，嬌小的形象成了曾依夢寐以求的樣子。

減肥當明星

2004 年 10 月份，曾依開始實行減肥計劃。看見女兒食量一天比一天少，人漸消瘦，着急的父母親自帶她到岳陽市內的各大醫院檢查，但醫生並沒有發現甚麼問題。2005 年 4 月初，見女兒沒有好轉，父親帶着愛女來到中南大學湘雅醫院檢查，專家認為她得的是神經性厭食症，在給曾依開了一些藥後，要她回家吃藥觀察。

4 月 11 日，見女兒病情沒多大轉變，曾勇夫妻再次帶女兒到長沙。經湘雅二醫院兩位專家會診，確定為神經性厭食症。隨後，曾依住進了該院的精神科，經治療，曾依的病情有所好轉。6月1日曾依出院，回到了岳陽的家中。然而，厭食症得到改善的曾依變得抑鬱了。一個月過去了，見女兒的飲食情況又走下坡路，身體更加消瘦，父母苦勸女兒到岳陽的醫院打點營養吊針，但曾依死活不去。7月3日，曾依偷吃了一粒樟腦丸準備自殺，被父母發現並送到醫院搶救，幸無大礙。

那時，曾依的體重只有25公斤，整日鬱鬱寡歡。一天，曾依突然提出想到永州的幾個姑媽家去玩。正發愁的曾勇想：「換一個地方可能會讓女兒改變一下心情。」

7月12日，曾依被接到永州的三姑媽曾金鳳家，和表姊妹在一起玩耍。期間，雖然曾依顯得比以前快樂多了，但進食的飯量卻越來越少。8月5日，曾依的雙腿開始變得浮腫。由於害怕女兒發生意外，曾勇馬上趕到長沙諮詢，湘雅二醫院精神科醫生建議曾勇趕快將女兒送到醫院治療。

由於8月10日是曾依15歲的生日，曾勇和曾金鳳商量，等曾依過完生日後，再勸她到長沙的醫院治病。曾依在五姑媽曾萍家過了一個熱鬧的生日，借生日歡快的氣氛，姑父勸她到醫院治病。

聽到大家的勸說，曾依沒有吭聲。8月13日早晨8時許，曾萍在客廳的桌子上，發現一張紙條：「姑姑，我下去玩一下，等會就上來。」

突然失蹤

由於擔心體弱的姪女會出問題，曾萍趕緊下樓去找，但有發現曾依。返回時發現曾依的一個紫紅色背包不見了。外，曾依還帶走了一件睡衣和一些小優酪乳（五六瓶）、幾包圓筒形的餅乾。隨後，焦急的一家人來到了永州火車站尋找。調看監控錄影，發現曾依拿了一張車票進了候車廳。由於事發時只有一列永州到長沙的 5378 次列車，曾勇在岳陽當地報案，又跟曾依的同學老師都打了電話後，坐車來到長沙尋找女兒。

"曾依對長沙很熟悉，曾和大姑媽在長沙讀大學三年級的女兒邱蓉玩得來。"曾勇說，女兒平時對超級女聲很感興趣，沒事或放假就會在家裏唱卡拉 OK。去年超級女聲比賽時，她曾為喜歡的超女被淘汰而傷心地哭過。2005 年 6 月中旬，女兒出院後，還表示明年要報名參加。由此，曾勇深信女兒肯定是到長沙來了。

曾依是岳陽市四中的學生，"她是班上成績最好的學生，在整個年級也是排名前幾名的學生。"其班主任任萍說。據任萍講述，曾依平時在家裏喜歡看書、聽音樂、練二胡，其中二胡考獲十級，並且很喜歡孫燕姿的歌，班上搞活動都是由她牽頭。

也許正因為如此，在父母的心目中，女兒一直很乖，所以管教不算嚴格。但自從女兒患病直至失蹤後，曾勇有些後悔："到現在為止，孩子怎麼想的，我們還是不知道。要是平時多跟她溝通一下，就不會出現這樣的情況了。"說完，曾勇長歎了一口氣。

為了能找到女兒，曾勇每天早晨 6 時許出發來到長沙各大汽車站、火車站尋找女兒，每天都是凌晨兩三點才睡覺。期間一些市民給他提供了很多線索，8 月 15 日，當時一個男子在長沙還曾見過曾依，問她為何一個人出走，曾依說，是父母親對她不好。

"我現在最大的希望就是找到女兒，將她的病治好，讓她好好讀書，一家三口團團圓圓地生活。"

學習成績優秀，並不代表具有健康積極的自我認知。曾依雖然有班長、學習委員等令眾人羨慕的光環，卻難以掩飾她內心的自卑。迷戀明星不是錯，曾依卻錯在不能看到明星的積極方面，而把纖瘦的體型作為最值得欣賞的特質，真是自誤頗深啊！

名人追星

柴可夫斯基崇拜托爾斯泰

柴可夫斯基第一次見到托爾斯泰後，就激動地寫了如下的文字：

"1886年7月1日，我第一次去見托爾斯泰，心裏惶惑不安，覺得十分害怕。我想，他只要瞧我一眼，就會把我心靈深處的秘密看透。在他面前，人絕不可能把自己心底裏的邪念藏起來瞞過他。他會像一個醫生檢查病人的傷口那樣，知道哪些部位最敏感。如果他仁慈（他該是仁慈的），便不去觸摸這些部位，只用神情表示他甚麼都知道了；如果他無情呢，他就會用手指頭從最痛楚的地方戳進去。總之不管哪種情況，我都覺得可怕——不過他沒有這樣做。"

"這位最會透視人生的作家跟人相處的時候，顯得單純、直率而誠懇，一點也沒有那種我原先害怕的'洞察一切'的樣子。無需'提防'傷人，因為他壓根兒不傷人。很明顯：他不是要把我當作'標本'來研究，而是只想跟我談談音樂。他對音樂極感興趣。"

"……托爾斯泰坐在我旁邊，聽我彈奏我的第一部四重奏中的行板。我看見，眼淚從他面頰上流下來。在我此生中，作為一個作曲家，我的奢望許是再也得不到比這更大的滿足了[3]。"

3　引自王星凡：《男人一生要做的50件事》，哈爾濱出版社，2004年版。

李澤厚崇拜魯迅、冰心和母親

學者李澤厚在談及他青年時崇拜的偶像時,曾經這樣説:

"之所以酷愛魯迅、冰心和母親,是因為魯迅叫我冷靜地、批判地、憤怒地對待世界;冰心以純真的愛和童心的美給我以慰藉與溫暖。而母親講的'只問耕'的話語和她艱苦奮鬥的榜樣,則教我以不求功名富貴、不怕環境困苦,一定要排除萬難去追求真理的決心和意志。[4]"

郭沫若的追星情結

詩人郭沫若在《我是個偶像崇拜者》詩裏面曾經呼喊到:

"我是個偶像的崇拜者喲!

我崇拜太陽,崇拜山嶽,崇拜海洋;

我崇拜水,崇拜火,崇拜火山,崇拜偉大的江河;

我崇拜生,崇拜死,崇拜光明,崇拜黑夜;

我崇拜蘇彝士,巴拿馬,萬里長城,金字塔;

我崇拜創造的精神,崇拜力,崇拜血,崇拜心臟;

我崇拜炸彈,崇拜悲哀,崇拜破壞;

我崇拜偶像破壞者,崇拜我!

我又是個偶像破壞者喲!"

4　李澤厚:《走我自己的路》,安徽文藝出版社,1994年版,頁13。

2.6 追星探視：四類偶像原型

　　為有效鑒別青少年偶像或榜樣崇拜的不同類別，筆者提出將青少年崇拜的對象劃分為四類：純偶像、榜樣型偶像、偶像型榜樣和純榜樣。

青少年四類偶像與榜樣人物

	社會名人	非社會名人
理想化、浪漫化、絕對化	**純偶像：**遠離青少年的著名歌星、影星和體壇明星	**偶像型榜樣：**青少年身邊那些被賦予特殊氣質和影響力的平常人
現實化、理性化、相對化	**榜樣型偶像：**遠離青少年、為社會所熟知、各行各業的成功或傑出人士	**純榜樣：**青少年身邊可直接親近和模仿的親朋好友

　　具體地說，純偶像通常包括那些理想化、浪漫化、絕對化的名人，如香港的四大天王、王菲、梅豔芳、梁詠琪之類的歌星，美國的米高積遜、麥當娜、里安納度、佐敦之類的歌星、影星和體育明星等。他們可給青少年的精神世界帶來極大的嚮往、幻想和虛榮滿足，但也可使某些青少年沉湎於對這些明星的追逐和依戀當中。純偶像的出現是與現今明星人物的巨大商業包裝和推銷密切有關連，其包裝形象往往比真實形象完美[5]。

　　榜樣型偶像通常包括那些現實化、理性化、相對化的名人，如毛澤東、鄧小平、周恩來、牛頓、愛因斯坦、達文西、

5　Leung，1999；Wong & Ma，1997。

李嘉誠、魯迅、雷鋒[6]、孔繁森[7]之類的著名人物。他們雖為社會熟知，但通常不會給青少年帶來甚麼浪漫化或理想化的幻想，而是促進青少年確立志向和自我奮鬥的目標。跟純偶像比較，他們是靠其個人氣質、成就和人格魅力來感召他人。

偶像型榜樣通常包括那些被賦予特殊氣質和影響力的非名人，如那些深受青少年喜愛和尊重的同窗好友、長輩親朋等。他們雖不具有名人的名聲和感召力，卻勝在貼近青少年，可隨時給他們提供幫助和指導，直接交流思想。所以在青少年心目當中，他們可能是人生動力的源泉，但其價值也可能被誇大，浪漫化甚至神化。他們之所以成為偶像型榜樣，完全是青少年在自我感覺中，擴大了他們的影響力。

純榜樣通常包括青少年身邊的人物，如父母教師、兄弟姐妹、同窗好友、鄰居街坊等人物。他們可能平凡無比，卻在生活的具體方面實實在在地引導青少年成長，並贏得他們的尊重和信任。據我在 1999 年及 2000 年所作的調查[8]所得，無論是香港還是內地的大學生，都將父母教師擺在最欽佩人物之列。這說明，純榜樣人物對青少年的成長仍起重大的影響作用。

事實上，一般成年人的偶像和榜樣結構，頗似一個金字塔（見圖四）：最底層為生活中形形色色的純榜樣人物，他們大多為平凡的人，卻有某些非凡之處而令人敬佩；上一層是相當數目的偶像型榜樣人物，他們也是凡人，卻具有某些

---

6 雷鋒是一位汽車兵，他平生尤好幫助別人，卻不留姓名，最後因工殉職，年僅二十三歲。自60年代以來，他就成為中國國內年輕人的學習榜樣。

7 孔繁森是一位支援西藏的幹部，因長期工作積勞成疾，而病死於西藏。90年代以來，他便成為內地公務員學習的榜樣。

8 岳曉東，1999b；岳曉東 & 張宙橋，2000。

特殊的氣質和精神令人敬佩；再上一層是一定數目的榜樣型偶像人物，他們是社會名人，多以特殊氣質和成就感召他人；最頂層是少數純偶像人物，他們具有非凡的氣質和魅力，深深影響他人的一生。

這個金字塔結構突出地表現了人們可以從各種人的身上汲取生活的智慧和動力，而重點留意於某幾位突出人物身上的特點。此可謂"人人為我師，我為人人師"的道理。

圖四　偶像與榜樣的金字塔結構

但在青少年時期，由於他們渴望有些個性獨立及情感感召的替代人物出現，他們往往過分關注少數純偶像人物的言行舉止，視他們為自己的"絕對英雄"和精神支柱。這種光環效應的結果，可導致部分青少年無限誇大少數"看得見，摸不着"的明星人物對自己的影響，而大大忽略那些對自我成長起直接指導作用的身邊人物。此現象使偶像人物的影響力大大超過其實際存在，也使榜樣的實際存在遠遠不能與其影響相匹配（見圖五）。由此，劃分四類偶像和榜樣人物，也可使我們更好地認清青少年偶像崇拜中所存在的誤區。

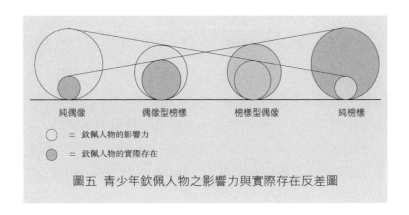

純偶像　　　　　偶像型榜樣　　　　榜樣型偶像　　　　　純榜樣

○ ＝ 欽佩人物的影響力

● ＝ 欽佩人物的實際存在

圖五　青少年欽佩人物之影響力與實際存在反差圖

　　劃分上述四類偶像人物，不但可以使我們明確偶像和榜樣之間的概念差異，也可使我們更了解青少年選擇偶像和榜樣的情況。以上的劃分區別還表明，青少年崇拜的偶像和榜樣不是截然分明的，而是存在一個極為廣泛的緩衝區域。若能使青少年看到這一點，則其生活中值得敬佩和認同的人物將會大大增加。

　　此外，為有效鑒別青少年在偶像和榜樣選擇上的差異，便要留意偶像度和榜樣度的概念[9]。偶像度是盲目的崇拜，而榜樣度則以某人為學習目標。我以統計分析的方法來計算其量差（評分度為 1 至 10，1 分表示程度最低，10 分表示程度最高）。區分偶像度和榜樣度，既可具有一定的判別和預測效果，也可有效測定青少年對其欽佩人物的認同量差。具體地說，在測量青少年對社會名人的欽佩程度時，偶像度較榜樣度更適用、更明顯，而在測量對非名人的欽佩程度時，榜樣度較偶像度更適用、更突出。

9　岳曉東，1999a；岳曉東，1999b。

本項研究的目的和假設

　　上述表示了青少年選擇偶像和榜樣的四類人物劃分，雖頗具創意和實踐指導意義，卻未曾得到實質研究的驗證。所以，它不能回答某些問題，例如這四類偶像和榜樣人物是怎樣構成的？各有甚麼突出特徵？彼此之間存在甚麼關係？對青少年各有甚麼影響力？為解答這些問題，我進行了本次研究，當中主要有三個目的：（a）確定香港和內地青少年對四類偶像與榜樣人物的選擇特徵（b）確定這四類偶像與榜樣人物的個人特徵，（c）比較這四類偶像與榜樣人物之間構成和特徵的差異。

　　在此基礎上，結合筆者和他人以往的研究成果，本研究特別提出下列三個假設：

　　假設一：在香港和內地青少年所提出的社會名人當中，偶像度高於榜樣度的理想化、浪漫化、絕對化人物的比例較大，多過榜樣度高於偶像度的理想化浪漫化、絕對化人物的比例；同時，榜樣度高於偶像度的現實化、理性化、相對化人物的比例較大，多過偶像度高於榜樣度的現實化、理性化、相對化人物的比例。也就是說，理想化、浪漫化、絕對化人物的偶像度評分會普遍高於榜樣度評分，現實化、理性化、相對化人物的榜樣度評分會普遍高於偶像度評分。

　　假設二：不論親屬或非親屬，在香港和內地青少年所提出的非名人當中，榜樣度高於偶像度的人數比例較大，高過偶像度高於榜樣度的人數比例。也就是說，純榜樣和偶像型榜樣的榜樣度評分會普遍高於其偶像度評分。

假設三：純偶像的構成相當單一，主要由時下走紅的歌星、影星和體壇明星組成；而榜樣型偶像的構成則較多樣，其中除了有歌星、影星和體壇明星外，還包括各行各業的傑出人物，如著名政治家、科學家、文學家和藝術家等；而純榜樣和偶像型榜樣在構成上沒有本質差別，他們都是青少年身邊的人物，其中以父母和教師為主。至於青少年將他們視作純榜樣，還是偶像型榜樣，完全由他們個人感覺上的差異決定。

假設四：就香港和內地青少年所看重的各類偶像和榜樣人物的個人特徵，純偶像人物主要具有流行性（如突出歌喉、演技、武功、球技等）和形象（如突出相貌、身材、氣質、風度等）的特徵；榜樣型偶像的主要具有成就（如獲有重大成就、發明創造、貢獻等）、名利（如財富、名氣、權力等）和才識（如高學歷、特殊才能）的特徵；而偶像性榜樣和純榜樣具有的個人特徵基本一致，即親和能力（如可親可愛、關心他人、無私等）、社交能力（如社交能力強、善解人意）、堅毅（有毅力、吃苦耐勞等）、忠厚（如忠誠老實、待人誠懇、謙虛等）及其它相關的人格特徵。

歌星是偶像，傑出人士是榜樣

在所有被提名的歌星當中，近 50% 歌星的偶像度評分高於榜樣度評分，而只有近 20% 歌星的榜樣度評分高於偶像度評分。同樣，在所有被提名的影星當中，超過 50% 影星的偶像度評分高於榜樣度評分，而只有近 20% 影星的榜樣度評分高於偶像度評分。在所有被提名的體壇明星中，有近 40% 體壇明星的偶像度評分高於榜樣度評分，而只有近 15% 體壇明星的榜樣度評分高於偶像度評分。因此，香港和內地的青少年多明顯將"三星"人物視為偶像。

在所有被提名的著名科學家／學者、文學家、藝術家／音樂家、企業家和公眾榜樣人物當中，超過 50% 人物的榜樣度評分均高於偶像度評分，而只有近 5~15% 人物的偶像度評分高於榜樣度評分（藝術家／音樂家除外，其百分比為 30%）。還有，在所有被提名的政治家中，有近 45% 政治家的榜樣度評分高於偶像度評分，而只有 14% 政治家的偶像度評分高於榜樣度評分。唯一例外的是對著名軍事家的提名比例，其中有 20% 人物的榜樣度評分高於偶像度評分，而有 35% 人物的偶像度評分高於榜樣度評分。但整體而言，香港和內地的青少年多將上述現實化、理性化、相對化的名人視為榜樣。

另外值得注意的是，在所有被提名的父母和長輩親屬當中，有 40% 左右的榜樣度評分均高於偶像度評分，而只有近 20% 左右人物的偶像度評分高於榜樣度評分。而在所有被提名的同輩親屬當中（如兄弟姐妹，堂表兄妹等），超過 70% 人物的榜樣度評分高於偶像度評分，而只有不到 6.0% 人物的偶像度評分高於榜樣度評分。同樣，在所有被提名的教師和同學／朋友當中，超過 50% 人物的榜樣度評分高於偶像度評分，而只有近 6~18% 人物的偶像度評分高於榜樣度評分。但整體而言，香港和內地的青少年大多將上述非名人視為榜樣。

綜上所述，本研究的假設得到了有力的驗證，特別是對社會名人偶像度和榜樣度的假設，其驗證性更強。

四類偶像和榜樣的選擇分析

就純偶像的構成曲線而言，它明顯由歌星、影星和體壇明星之"三星"人物組成，佔所有純偶像人物組合的80%以上。就榜樣型偶像的構成曲線而言，它較為平均地包括了各行各業的社會名人，其中尤以政治家（24.8%）、歌星（16.7%）、科學家／學者（12.4%）、文學家（11.4%）和公眾榜樣人物（11.0%）較為突出。這說明純偶像和榜樣型偶像的確存在著一種單一化與多元化的對立，因此本研究的假設二也得到有力的驗證。

就純榜樣和偶像型榜樣的構成曲線來說，它們相當接近，都是以父母（純榜樣：39.9%；偶像型榜樣：59.1%）和教師（純偶像：33.6%；偶像型榜樣：14.8%）為主要對象。純榜樣和偶像型榜樣之間唯一的明顯差別是，在偶像型榜樣構成曲線中，教師和同學／朋友的比重完全相同（教師：14.8%，同學／朋友：14.8%）。這說明，在香港和內地青少年心目中，父母和同學／朋友都既可成為純榜樣，或可成為偶像型榜樣。但相對說來，香港和內地青少年看來更易將父母親視作偶像型榜樣，將教師視作純榜樣。所以，本研究的假設三也得到了相當的驗證，雖然其驗證程度不似假設二那麼明顯。

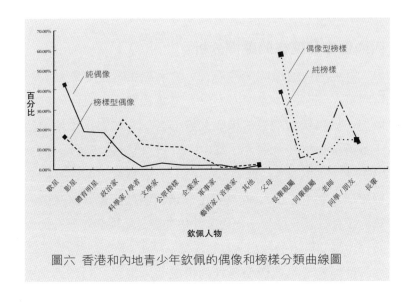

圖六 香港和內地青少年欽佩的偶像和榜樣分類曲線圖

看重四類偶像和榜樣的個人特徵

如前文假設四預測，香港和內地的青少年明顯看重偶像個人特徵中的流行性（48.25%）、形象（16.14%）和名利（6.32%），佔所有特徵的 70% 以上。這說明，純偶像在青少年心目中是以擁有明星特質為核心。而就榜樣型偶像來說，他們較看重的特徵則集中在以下幾方面：流行性（20.08%）、才識（20.68%）、美德（14.31%）、愛心（13.52%）、領導能力（11.13%）和名利（10.14%）等方面。以上數據跟假設四中認為，青少年心目中的榜樣型偶像，個人特徵都集中在成就、名利和才識三方面，原來他們也看重，如愛心和美德等特徵，加起來約佔近 30%。這說明，在香港和內地青少年心目中，不少榜樣型偶像都以其人格魅力，獲得他人尊重。

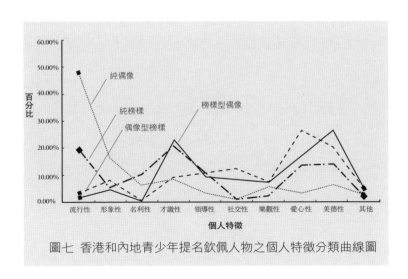

圖七 香港和內地青少年提名欽佩人物之個人特徵分類曲線圖

　　就純榜樣和偶像型榜樣來說，如假設四預料，香港和內地青少年看重的個人特徵的確差別不大，其差異僅體現在才識、愛心及美德三方面。具體來說，在香港和內地青少年的心目中，純榜樣應較偶像型榜樣更具才識和美德，而偶像型榜樣應較純榜樣更具愛心。

　　總之，本研究的假設四得到了相當程度的驗證，特別是對於純偶像看重個人特徵的假設部分，其驗證能力更明顯。

驗證偶像和榜樣的劃分

　　本研究驗證了青少年崇拜的四類偶像或榜樣，顯然，青少年選擇偶像和榜樣的標準不是截然分明的，而是在一個廣泛的、連續不斷的區域（continuum）中選擇，當中會出現相當程度的重疊位置，如 P.104 圖八所示。

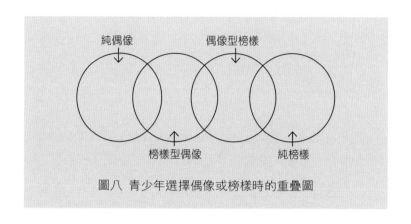

圖八 青少年選擇偶像或榜樣時的重疊圖

　　至於青少年會選擇怎樣的純偶像、純榜樣、榜樣型偶像或榜樣型偶像，則完全出自他們不同的審美取向和心理需要。本研究表明：選擇純偶像時，多反映出兩地青少年對偶像人物的形象、流行性和名利方面的嚮往和心理需求；選擇榜樣型偶像時，多反映了他們在成就、才識、美德、名利、愛心乃至流行性等多方面的心理需求；選擇純榜樣和偶像型榜樣時，則主要反映了他們對完善人格因素（如開朗性格、自信心、有愛心、有奉獻精神、堅毅力、忠厚老實、有社交能力等）的認同需要。至於青少年是在甚麼條件下，將一個純榜樣視作偶像型榜樣，尚有待於進一步研究。

光環效應和聚焦作用

　　本研究有助深入理解青少年選擇偶像或榜樣的情況，當中具有以下三方面的意義。首先，青少年選擇純偶像和榜樣型偶像，本質上反映了他們不同的審美和心理需要。青少年可能十分看重純偶像身上的某些流行性、形象和名利等特徵，而對其人產生認知上的光環效應 [10]，進而神化了其存在價值。相反，青少年也有可能因十分看重其榜樣型偶像身上的某些成就、才識和示範性的特徵，而對其蘊涵價值產生某種聚焦作用 [11]，進而激發自我成長 [12]。因此，怎樣認同敬佩人物所蘊涵的價值，是青少年選擇純偶像和榜樣型偶像的關鍵，也是青少年崇拜偶像或榜樣的成熟程度的一個突出表現。

其次，青少年對純榜樣和偶像型榜樣的認同差異，本質上就是自我感覺上的差異，它反映了青少年怎樣看待平凡人物的非凡特徵。他們可能將某位平凡人物的某些個人特徵視為十分非凡，所以十分崇拜那人。他們完全有可能將某些非名人看得像某些名人那樣高大完美。因此，讓青少年多認同身邊周圍的平凡人物所擁有的非凡特徵，可減少青少年偶像崇拜中的光環效應及他們的盲目行為。

追星助青少年成長

最後，青少年偶像崇拜是青少年文化的一種次文化形式，有其社會羣體獨特具有的態度、價值觀、思考及行為模式 [13]。我們不應採取一概而論的態度，或不加區分地予以全盤肯定或否定。我們應本着實事求是的態度，具體研究其次文化的不同表現形式，有效地鑒別當中哪些因素有利及損害青

---

10 光環效應（halo effect），指某人對他人形成誇大了的社會認知。意思是我們來不及分析，便以某人的最初印象作判斷及推論其個人本質。就如一個人最初被認為是好的，則其他好的品質都會被附加在那人身上。

11 聚焦作用（focused effect），可謂與光環效應相對應，指對他人有具體而具選擇性的社會認知度。意思是不以某人的表面印象來判斷及推論其個人本質。如判別一個人的好壞，主要是靠其具體行動來鑒別。

12 岳曉東，1999a。

13 高強華，1993；萬育維，張智雅，2000。

少年的思想和人格成長。這樣，我們才能有效地幫助青少年通過其偶像和榜樣崇拜，來完善自我、幫助成長、增強自信心。

總之，本研究使我們充分看到青少年偶像崇拜當中有很大的可塑性和變通性。作為教師、社工和青少年志願工作者，我們只有正視這現象，積極加以理解，才能有效地引導廣大青少年在偶像崇拜中多方面認同對象的特質，內化那些有利個人成長的品質和因素，從而使偶像人物成為個人成長中的里程碑。學校的社工和輔導教師應主動了解學生偶像崇拜的特徵，設計各種活動方案，推動學生積極剖析偶像人物的成功要訣和方法，並加以內化和模仿。

第三章 追星與依戀關係

3.1 追星就是尋求"遙親感"

　　青少年的自我成長需要遙親感（remote intimacy），以彌補即親感（immediate intimacy）的不足。

　　遙親感泛指青少年對個人心目中高度理想化、浪漫化和絕對化的偶像人物，建立了一種情感依戀。這種情感依戀本質上是一種間接、虛幻、單向的情感交流，它具有非對等（non-reciprocal）、非接觸（non-contacting）和非互惠（non-mutual benefiting）等特點。遙親感的程度不會因當事人與其崇拜人物之間，有沒有任何實際接觸而改變，也與當事人所崇拜人物的性別無絕對關係。可惜的是，青少年時期遙親感的建立，常會使少男少女對其偶像產生一種自貶式依戀，具體的表現為：越迷戀一位偶像，就越感到自己的渺小和無能。

即親感有助兒童成長

相反，即親感泛指青少年對身邊人物所建立的親密關係，這些人物通常包括當事人的家人及朋友。即親感是一種實實在在的情感交流，它具有對等性（reciprocal）、互惠性（mutual benefiting）和頻繁接觸（frequent contact）等特點，並可分為對家人的即親感和對朋友的即親感。在家庭關係中，即親感表現為青少年對其父母、兄弟姐妹和其他親戚的相互依戀和親情需求；在朋友關係中，即親感表現為青少年對其身邊特別要好的朋友、同學和教師的相互依託和友情需求。跟遙親感比較，即親感的表現和交流更自然、更實惠，它真實存在於現實生活，無任何虛幻的成分。正因為如此，即親感的交流也摻雜了各種情感體驗，這當中既有正面的情緒體驗，也有負面的情緒體驗。

國內學者宋興川和金盛華對北京、河北、山東、山西、吉林、重慶和福建七個省份，共 55 名中學生進行訪談研究[1]，證實這種即親感的現象。他們的研究發現，被訪的中學生對父母及親人的崇拜排在第二位，比率達 21% 之多。該數字僅次於對政治家的崇拜，卻高於對文藝、體育明星的傾慕：

"我崇拜我爸，他很努力，很勤奮。以前家裏很苦，我的父親辛勤工作，現在家中算比較富裕了。"

"我崇拜我爸，他教我很多做人、處事的道理，他對家庭、朋友之間的關係處理得妥當，他的工作深受學生的喜愛和尊敬。我覺得他做人非常成功。"

---

[1] 宋興川、金盛華：《多元選擇——青少年偶像崇拜研究》，《青年研究》，2002年第11期，頁1-7。

心理學研究表明，兒童時期對父母的穩定、牢固情感依戀（attachment）是個體人格和心理健康良好發展的關鍵。在此過程中，兒童需要與父母及其他家庭成員建立親密、自然和相互依賴的關係，以促進其個性發展。這種在生活中與父母、親人朝夕相處的親密關係中，演化為愛、感恩、敬佩，甚至崇拜。即親感的良好培養和持續是保障兒童身心健康成長的要素。但到了青少年時期，隨着個體逐漸獨立和開始發展個性，與父母的即親感越來越失去原有的影響力，而與朋友的即親感卻不斷得到強化。

遙親感與四種依戀類型

心理學家巴索羅米（Bartholomew K）和霍洛維茲（Horowitz LM）將成人的人際依附風格按照（1）正向或負向的自我意像及（2）正向或負向的他人意像分為四個類別（attachment prototypes）。

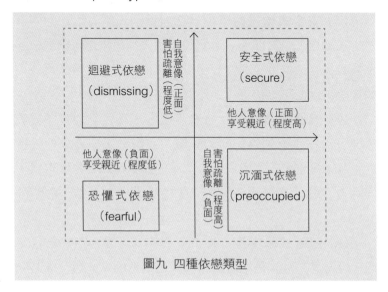

圖九 四種依戀類型

在青少年的追星行為中，如第二章 2.1 講述的四種追星類型模式下 (P.74)，生出四種依戀類型：

依戀類型	組成部分	追星特點	形象描述
安全式依戀型	他人意像好，自我意像好；享受親近程度高，害怕疏離程度低。	平等理性	適度關注、人格獨立
沉湎式依戀型	他人意像好，自我意像差；享受親近程度高，害怕疏離程度高。	迷戀癡狂	過度依賴、難以自拔
迴避式依戀型	他人意像差，自我意像好；享受親近程度低，害怕疏離程度低。	自我保護	頻繁轉換、自我滿足
恐懼式依戀型	他人意像差，自我意像差；享受親近程度低，害怕疏離程度高。	惶惶不安	追隨觀望、恐懼分離

（1）**安全式依戀型**：對自己與對別人都有較正向的看法，認為自己是有價值、可愛，而別人則通常是可接納的。這類青少年追星時，通常對明星以及追星行為有清醒而深入的理解，因此可以追得不迷不懼，獨立坦然。

（2）**沉湎式依戀型**：擁有沒價值、不可愛的負向自我意像，而對別人則為正向的評價。此類型渴望尋求他人接納，藉以肯定自己，因此常常沉湎於追星行為中無法自拔，同時自我貶低、自我迷失，偶像明星則成為了唯一的精神支柱。

（3）**迴避式依戀型**：擁有有價值、可愛的正向自我意像，但卻認為別人是不可信賴和拒絕接納的。此類型逃避與別人親近，其目的卻是保護自己免於失望。他們將明星神格化，對偶像表面上熱衷，而實際上疏離，追星行為的目的是自我封閉和自我滿足。

（4）**恐懼式依戀型**：一方面擁有沒價值、不可愛的負向自我意像，另一方面又認為別人不可信賴，不敢和別人親近，藉以保護自己，免受預期中來自別人的拒絕或傷害。此類型的青少年希望跟偶像保持距離，但又懼怕失去偶像，失去精神支柱。

上述四種類型的追星行為中，只有安全式依戀型有利於人格獨立和健康發展。該類型的青少年在童年時期，與父母有穩定和良好的情感互動，即有充分的即親感。而後面三種依戀模式則即親感體驗不足，所以渴望尋求遙親感。他們尋求遙親感的目標可能是他人，也可能是假想的自我，總之都是一種不穩定的情感狀態。

遙親感完全是一種自我陶醉的情感體驗，它的滿足感恰恰在於其假想性和虛幻性。而即親感正因為太真實、太貼近，無法使人產生遙親感中那份朦朧感和陶醉感。所以，青少年追星，本質上是在尋求遙親感的滿足。此時此刻，人們才會有那種"隔着距離看，朦朧才是美"的感覺。

從朦朧到真實的情感

然而，正如追星是青少年自我成長中的一個階段、過渡現象，少男少女對偶像的遙親感會隨着歲月的流逝而漸漸轉淡。隨後是開始建立自己生活中能看見、說話、牽手的情侶即親感。這是實實在在的相親相愛，當中不存有任何弄虛作假。那時，回頭看看自己當初曾單戀的偶像，大部分男女都不禁感到好笑、自嘲，甚至惆悵、無奈。

自嘲也罷，惆悵也罷，對昨日單戀偶像的行為，都是自我成長中的一個里程碑，都記錄了對當初天涯海角的一段心跡。作為當事人，既然是青春無悔的事，也就無所謂了。作為父母，也不必大驚小怪，喋喋不休。

區分遙親感和即親感的意義在於，更能理解青少年時期情感依託的交替現象。在此過程中，遙親感的滿足可謂青少年追星的主要目標和精神需求所在，它以強烈的情感感染和支配着青少年的內心世界，使他們全心全意地融入其崇拜偶像的精神世界，產生強烈的思想共鳴。相反，在青少年的個性成長期中，他們時常會不可避免地與父母發生種種意見爭執和衝突，這會不同程度地影響他們與父母的即親感，促使他們尋求其他形式的情感滿足。由此，青少年對遙親感的渴望和追逐，可在一定程度上化解他們在即親感上的挫折和不滿，通過寄情於偶像，為自己的精神和感情世界帶來新希望和意義。

追星的變遷（二）

六十年代：英雄輩出的激情歲月

　　首先是五、六十年代，中國早期的社會主義建設時期，決定了這將是一個以革命英雄主義精神為號召的偶像年代。艱苦樸素、捨己為人、自力更生、獻身國家是這時期偶像的共同特徵，突顯了中國早期建設者的共同優秀品質。雷鋒、小說人物保爾・柯察金（Pavel Korchagin）[2]、"鐵人"王進喜、焦裕祿、邱少雲等都是這時期的偶像代表。他們那無私奉獻、為國家犧牲小我、艱苦奮鬥的精神感動了幾代人，成為幾代中國人學習的榜樣，並成為那個歷史時代的標誌。

　　這個時期也是偶像的"黃金時代"，每位偶像的出現都會造成全民性的影響，其普及程度是後來的偶像所不能企及的。此盛況達到了這樣的地步：全國人民都在"雷鋒精神"、"鐵人精神"的感召下投身建設國家的洪流，年輕人都以研讀《雷鋒日記》、《鋼鐵是怎樣煉成的》以自豪。

七十年代：精神解放後的飢渴選擇

　　七十年代末期是一個充滿變化的時期，一些新氣象悄悄出現。整個社會萌生了對科學的崇敬。剛經過"文革"浩劫的中國，科學技術、文化教育都處於百業凋敝的可悲境地。在這樣的情況下，摘取"數學皇冠上的明珠"的陳景潤，成為國人民族振興願望的一個投射對象。一篇數論《歌德巴赫猜想》激發了全國人民，尤其是年輕人對科學的無比熱情。

　　另一個新鮮的偶像面孔則是來自台灣的鄧麗君。她的歌曲曾在長時間被斥為"靡靡之音"，但這絲毫沒有影響年輕人對她的喜愛。她的歌曲因為對個人情感的細膩表達而贏得

2　蘇聯小說作品《鋼鐵是怎樣煉成的》的主角。

了青睞。她差不多是中國第一位完全來自民間、非官方確立的娛樂偶像。

　　嚴格來講，陳景潤和鄧麗君的影響力都是起自 70 年代末，但貫穿了整個 80 年代。除此之外，70 年代還有一個備受崇拜的偶像 —— 楊子榮。這位由電影和樣板戲塑造出來的英雄人物，是當時許多中國年輕人心目中的偶像。

3.2 學習雷鋒好榜樣
—— 安全型依戀

我年少時的第一位偶像是雷鋒。

雷鋒以助人為樂而名滿天下，是當年所有中國年輕人的榜樣。在我十年的中小學生涯裏，單全國性的學雷鋒運動就舉辦了三次，每一次我都積極參與。那年頭，學雷鋒就是去做好事，是偶像給我們年輕人的力量。

跟現在時興的青春偶像相比，雷鋒更平易近人。只要你幫助別人，雷鋒就活在你心中。雷鋒就是這樣一個平常的人，可是他身上卻散發出一股樸實無華的人格光彩。

我的第二位偶像是居禮夫人。

她是家人推介給我的偶像。我家很早就有一本居禮夫人的連環圖，那是父親的書，不許我隨便翻看。每次翻看時，父親都教我居禮夫人是如何勤奮致學、不計名利。漸漸，那個深眼窩、高鼻樑的西洋女子，便成為我心目中的偶像。我曾幻想自己能像她那樣學有建樹，成為科學巨匠，造福人類。

當時父親還時常跟我講一句有如偶像煽動能力的說話：＂當你學習感到困難和沒有興趣的時候，想一想居禮夫人就會有幹勁的了。＂那時，這句話確曾使我振奮、激動。後來，我漸漸對英語越來越有興趣，卻對理科課程不像以往般投入，居禮夫人也漸漸離我遠去，成為一般的崇拜對像。

我的第三位偶像是院子裏的一位大孩子。

這是我自己認定的偶像。他比我年長幾歲，十分勤奮好學，雖下鄉插隊(加入農業生產隊)，仍不斷學習。後來他被北京外國語學院（現北京外國語大學）召回北京，學習俄語。他便成為我的學習榜樣，我日夜都想能像他那樣，通過自學外語到北京讀書。

曾幾何時，我每天學習英語都會想起他，心裏有無數的話想跟他說，想跟他結拜為兄弟，請他帶我去逛北京城。雖然跟雷鋒和居禮夫人相比，他本是一個可以看得見、摸得着的平常人物，但在我最崇拜他的那段日子裏，我一直沒有見過他。多年後，在一個偶然的機會下，我終於跟他見面。那時我已經心靜如水，全無當初那份激動的感覺。因為我已經成熟了，成長了。

後來，我心目中不再有單一位超越他人的偶像。我開始敬仰一大批有才華、有成就、有個性的人物。當中既有像居禮夫人、愛因斯坦這些造福人類、創造歷史的非凡人物，也有像雷鋒那樣無私奉獻的平凡人物。我感到自己的情感已昇華，人格也變得完善。

追星的成長歷程

我的偶像認同感經歷了一次發展過程，由接受他人推薦、自行選擇，到推翻專一的偶像，廣而尊敬一羣應受敬仰的人。顯然，我經過了一個由相信他人到相信自己的轉化過程。

以雷鋒為榜樣，我學到甚麼？我學到了要默默奉獻，那樣你就能在平凡的工作中做出不平凡的事業來。還需安於平淡，不計較付出會得到多少回報。現在想來，雷鋒精神的可貴，就在於他有一顆平常心。

以居禮夫人為榜樣，我學到甚麼？我學到了勤奮和堅定不移。雖然我最終不能成為居禮夫人那樣的科學巨匠，但她那對科學事業的執着追求，深深地紮根於我的心田。

　　以那位勤讀書的大哥哥為榜樣，我學到甚麼？我學會了希望。他在十分艱難的條件下還堅持學習，憑靠甚麼？是對未來的希望，儘管那個希望可能是十分渺茫的。而這正是我當時最需要的精神食糧。

　　心目中不再有單一的偶像，我懂得甚麼？我懂得了自立的可貴。我開始相信自我、鞭策自我、開發自我、塑造自我。我開始明白，任何一位偶像都只能是成長中的過渡期，人還是要靠自己雙手去創造人生。

　　所以，年輕人的成長過程中不可沒有偶像。這既是一個事實，也是一種力量，家長應該因勢利導，巧加利用。不過年輕人也不可過分沉溺於某位偶像。

　　説到底，人是為自己的感覺而活，不是為他人的感覺而活。

　　人生最大的能量來自於對自我的信任與開發。

雷鋒精神永不過時

2003 年，廣州市穗港澳青少年研究所就"你心目中的偶像"等問題，對居住廣州的近千名 12~25 歲的青少年進行一項調查。資料顯示，"雷鋒等楷模人物"僅列第五位，雷鋒這樣一位在六、七十年代家喻戶曉的人物，在現今廣州青年的心目中地位並不高。研究人員與那些出生在上世紀 80 年代以後的"新人類"談論雷鋒時，有些年輕人甚至反問："雷鋒是誰？"對於這種情況，研究人員認為並不是很荒唐和過分，不值得大驚小怪。

該研究機構曾在 2002 年對 1206 名 14~35 歲的廣州青少年進行一項調查，近九成的青年對青年志願者行動持肯定的態度；近六成的青年表示自己參加過青年志願者工作；67.4% 的青年表示"希望有更多機會參與志願工作"。這顯示雷鋒其實沒有過時，它正與時俱進，在青少年心目中發揮積極的影響。

來源：《資訊時報》，2003 年 3 月 5 日《雷鋒魅力遠超謝霆鋒》

3.3 黎明的神話魔力
—— 沉湎型依戀

都說偶像崇拜有一種魔力，它可使人情陷於某位偶像，朝夕相望而不覺其厭，日夜相顧而不覺其煩。以下僅舉兩個內地少女寫給香港歌星黎明的獻詞為例：

在我崇拜你以前，世界是一個荒原；從我崇拜你開始，世界成一個樂園。

過去的許多歲月，對我像一縷輕煙；未來的無限生涯，因你而幸福無邊。

你眼底一絲光彩，抵得住千萬言語；你唇邊燦爛一笑，就是我歡樂源泉。

這個世界有個你，命運是何等周全，總盼有那麼一天，我們能有緣相見！

這是廣東惠州一位名叫嘉慧的少女寫給黎明的，她在獻詞前還特意加了一句話：給我此生至愛的偶像 —— 黎明。

湖南化州一位名叫慧敏的少女也寫了以下句子給黎明，她的話尤若一曲愛情誓言。

藍天做紙，海水為墨，寫不完我愛你的衷腸。我遏止不盡的情傾瀉在你身上，那散不開的，是太濃太濃的愛，是我對你綿綿的依戀。

每當我看到這兩段獻詞，我都不禁讚歎，這兩位內地少女從沒見過黎明，只聽過他唱歌，或看過他主演的電影，卻可以對他產生如此強烈的迷戀，其魔力何在？心理學又能給這種現象甚麼解釋呢？

偶像崇拜是個人認同他人的言行及其自身價值的過程，核心是在於滿足個人情感和自我認識需要。因此，偶像的形象，可給人樹立生活的榜樣，並使人產生無窮的幻想和生活熱情；偶像的言行，可給人們極大的力量，使人加以努力地體會和實踐。生活中需要偶像，偶像也能為生活增添色彩。所以，這兩位少女情迷黎明，完全是正常的情感表露，是其自我成長的里程碑。其實，我們每個人的成長，不都需要有這種的人物激勵嗎？

黎明不是神

但神化偶像會導致狂熱的個人崇拜及自我迷失。當我們崇敬某位偶像時，我們不可將其舞台上、歌壇上、熒幕前、競技場上或講壇書籍中的形象過分美化或誇張，那樣會使他（她）脫離生活中的真實形象，成為個人心目中的一尊神。一位偶像一旦變成了神，則很容易令崇拜者盲目和狂熱追逐。結果，人不但會情迷於偶像的外部形象而不能自拔，也很容易自感渺小無比。雖然兩位少女情迷黎明是人之常情，但她們不該過分美化黎明的形象，那樣實在是把黎明當神了，才會產生那種"黎明出現是世界由荒原變成樂園的分水嶺"之感。試問產生了這種感覺的人，還怎樣可以自我成長？變得獨立？

本質上，個人成長要靠自我不斷探索和努力，任何外界的力量都只能起輔助作用，而不能起主導作用。因此，我們崇拜某位偶像，本質上是要認同其事業成功的基礎或其人格上的魅力，以獲取個人成長的養分。相反，如果我們只迷戀偶像的外表形象而不重其內涵，則勢必會對偶像產生"太濃太濃的愛"和"綿綿的依戀"。這樣的偶像崇拜可能會對自我的成長帶來巨大的負擔。前面兩位少女可以情迷黎明，但更重要的是要懂得自愛自立。只有懂得自愛自立，才能在生活中追逐像黎明那樣的事業成就。

以上兩位少女崇拜黎明是青少年情感滿足的需要，也是其心理成長的里程碑。她們愛黎明沒錯，但把黎明當神便錯了。畢竟我們喜歡一位偶像，本質上還是為了更好地激勵自我和塑造自我，以獲取個人生活和事業上的更大成功，而不是日夜沉迷於"追星族"的夢幻中，磋跎歲月，荒廢青春。

畢竟我們活着，本質上是為了活得更好，更有意義，對社會更有貢獻，而不是為他人的感覺而活着。

畢竟我們崇拜某位偶像，不是為了貶低自我，而是為了增強自我。

畢竟黎明只是一個看得見、摸不着的明星。

還有我這位粉絲

問阿欣要不要喝點甚麼，她搖搖頭，説要減肥，記者於是自顧自去取汽水；怎料她的聲音突然在身後揚起，搶先拿起記者的可樂。原來因為謝霆鋒（謝的洋名是 Nicholas，簡稱 Nick）是可口可樂的代言人，於是，她把減肥棄在一旁不顧。

2002 年，謝霆鋒因超速駕駛頂包案被判入獄。

她，就是那個日日去法庭旁聽、謝霆鋒罪名成立後在鏡頭前哭得天昏地暗的阿欣。

10 月 2 日，謝霆鋒在壁屋懲教所度過第一夜，阿欣則過了一個無眠夜，儘管化了妝的她，看上去不像徹夜未眠。

她説，朋友陪她吃飯，她吃不下。當晚姐姐在卡拉 OK 為她慶祝 19 歲生日，她完全沒心情；她坐至凌晨 3 時，再不能強顏歡笑，於是回到滿屋都是謝霆鋒海報和 CD 的家。

"他在裏面（監獄）做甚麼？他是否擁着吉他哭？抑或失眠？他'鏟青'後定很憔悴⋯⋯我好辛苦。"

"中一時，個個同學都用四大天王的海報來包書，惟獨我用謝霆鋒。"

阿欣説，謝霆鋒對她影響很大，尤其案件開審後："個個都知阿 Nick 是個'爛玩精'！我都好喜歡出來玩，晚上 6、7 時返工，凌晨 3 時收工後，便去 Disco 玩，雞啼時去另一間，直到下午 3 時仍未玩夠，去卡拉 OK 後才返工，可以不用睡覺。"

案件審訊第二天，阿欣玩樂後，來不及回家換衣服，便去法庭。她嚴肅地説，謝的歌迷可能會流失，她需要出力。"我要告訴他⋯⋯就算你的歌迷全部流失，我會自動自覺走出來，在台下舉起你的支持牌。"

"我送給你最大的禮物，是我的心。"旁人聽到此番話，還有何話可説？

摘自《香港經濟日報》，2002 年 10 月 7 日

3.4 追捧另類"嘔像"
—— 迴避型依戀

2000 年以後，隨着科技的不斷發達，特別是網絡的普及和博客的流行，整個文化的發展，特別是流行文化的發展已經由以前那種從上到下的傳播方向，被顛覆成更加發散的模式，人類的偶像崇拜也因此發生了本質性的變化，偶像崇拜越來越成為人類自我意識的產物，也越來越變得情緒化、平民化和生活化，偶像崇拜的現代形式，更加凸顯出多元化和個體化。

網絡在社會生活中變得普及和深入，而迅速躥紅的一批"平民偶像"也越來越引起人們的關注。平民偶像崇拜，也可以稱為草根性偶像崇拜（Grass-roots Idolatry），意指崇拜平民百姓自發的關注羣體中的特殊人物。

平民偶像（Ordinary commoner idol）屬於草根偶像中具有傳統正面意義的類型，他們能成為偶像人物多源於電視、網絡等新媒體環境下，由大眾廣泛參與的評選活動而選出，這類偶像與"三星"偶像在形式上很相似，但其內涵卻是民眾的、自主的和反精英的。一眾超女、孔慶祥、後舍男孩等便成為這類偶像的代表人物。

另類偶像（Extraordinary commoner idol）通常指那些個性張揚、言行出位、顛覆傳統，樂於通過網絡等新媒體自我展現，並由此吸引廣大青少年追捧而昇華為偶像人物[3]。芙

---

3   Yue Xiaodong, *My Favorite Idols·Your Die-hard Fans- The Study of Adolescent Idol Worship*, (Hong Kong: City University of Hong Kong Press, 2007).

蓉姐姐可以説是另類偶像中的代表人物，而被網友謔稱為
"芙蓉姐夫"的另類追星族其實也大有人在。

借名氣增曝光率

2007 年一名自稱"照片男"的男子，因為曾經向芙蓉姐
姐示愛，而成為娛樂熱點人物。3 月 1 日，他到節目當嘉
賓，道出向芙蓉姐姐示愛的經過。

他透露自己本名石峰，24 歲，目前是北京一家公司的
普通職員。究竟芙蓉姐姐哪點吸引石峰呢？石峰表示他非常
喜歡芙蓉姐姐的個性、開朗活潑，説話時聲音也是嬌滴滴的。

在節目中"照片男"石峰説他已經與芙蓉姐姐見過面
了，芙蓉姐姐見到他的時候特別興奮，不停在笑，説石峰
是天使下凡，並答應與他交往。"但是現在芙蓉姐姐不理我
了，"據石峰透露，在見面的第二天，芙蓉姐姐透過"照片
男"石峰的博客發現石峰並不是真心愛她，十分憤怒。一向
以誇張大膽著稱的芙蓉非常嚴肅地撰文徵求求婚者："我的
名氣是屬於我的，放棄你齷齪的想法來借我上位！"

然而追求芙蓉姐姐事件餘波未了，石峰宣稱想娶苦追劉
德華不成的楊麗娟！他表示很欣賞楊麗娟的精神，"楊麗娟
像芙蓉姐姐一樣很有夢想，為夢想付出是很值得表揚的。"
石峰自稱和楊麗娟的經歷有很多相似的"特質"，他從這件
事情上看到了楊麗娟的美。石峰表示，目前最希望能和楊麗
娟見一面，聊一聊，培養感情，希望能和楊麗娟走到一起。

內地學者周國文 [4]、戴銳指出 [5]，在現代青少年的社會生活中英雄榜樣的地位逐漸弱化，明星偶像的作用則越見凸顯，單一化的榜樣人物已經讓位於多元化的偶像，並且更多地體現出一種自由意志。意識形態不可能再像以往那樣以一種強迫的方式逼使大眾接受，只能在競爭中通過自己獨特的風格和魅力征服大眾。過去意識形態的壓力在現今社會已經通過大眾文化逐步化解，最終成為個人的事情。比如"超女崇拜"，你可以崇拜，也可以不崇拜，也可以對這類崇拜提出批評。你還可以今天崇拜這位，明天崇拜那位，不管你的選擇如何，都不會受到強制性的束縛。

　　從芙蓉姐姐到楊麗娟，"照片男"不斷在這些另類"偶像"身上展示自己的"熱情"，然而他真的試圖追求她們，拉近情感的距離嗎？有很多人說"照片男"向芙蓉姐姐求婚，目的是炒作自己，增加人氣。是否炒作，我們姑且不妄加評論，而從心理學角度看，"照片男"其實是看低他人，看高自己，徒有追求之表，滿足的不過是自我的欣賞罷了。

4　周國文：《榜樣與偶像的錯位》，《福建教育學院學報》，2002年第4期，頁5-8。

5　戴銳：《榜樣教育的有效性與科學化》，《教育研究》2002年第8期，頁17-22。

甚麼是“民星崇拜”

我會使用“民星崇拜”來詳細分析這股“另類偶像”和“平民偶像”的潮流。

進入 21 世紀之後，除了“三星崇拜”繼續流行之外，伴隨着互聯網絡的高速發展，以及美國的大眾選秀節目如“美國偶像”（American Idol）、“美國模特兒大賽”（American Next Top Model）等的興起，製造偶像越來越呈現出“人人都能成為偶像”的平民特徵，“民星崇拜”就是在這股泛偶像浪潮中湧起的新現象。所謂“民星”，即指那些以自己獨特的風格和魅力，通過網絡等新媒體的運作，而幾乎令普通人一夜成為明星。

就“民星崇拜”的個人特徵來說，這類“民星”的共通點就是在出名前普遍默默無聞，而在出名後其社會影響力和受青少年歡迎的程度，又大大超過很多傳統意義上的“三星偶像”。他們出名的方式基本上都依靠個人打破傳統的行為和表演，並且極具個性化的色彩。他們出名的渠道或者是通過諸如“超級女聲”之類的平民選秀節目，或者是通過網絡的傳播力量，因此帶有濃厚的草根性、平民性特質。比如說 2005 年超級女聲的總冠軍李宇春以及她所掀起的“李宇春現象”，就被美國《時代》週刊形容為“對傳統社會性別規則的不在乎和率真的個性，她所代表的自信獨立性，已經成為國家的一個象徵”。

民星的自我投射

就"民星崇拜"的性質來説，它本質上體現了青少年對"民星"人物的自我投射，是偶像崇拜中一種投射效應（projective effect）的表現。所謂投射效應，是指崇拜者將自我的某種夢想、欲望和缺憾投射到偶像身上的傾向。換句話説，當一個人癡迷於某位偶像在某方面的特質（如容貌、身材、才能、家庭背景、生活閲歷等）和成功（如財富、社會地位、個人魅力）時，就會幻想自己的理想和夢幻，已經通過偶像的這些特質得以實現。例如，打出"想唱就唱"口號的超級女聲在短時間內就實現了一些普通女孩子的"明星夢"，可以説是給了青少年一個強烈暗示。崇拜"超女"的青少年，不僅在她們身上看到自己成為偶像的潛力，也看到自己的明星夢想在這些超女"李宇春們"身上得以實現的途徑。由此，"民星崇拜"可謂是一面鏡子，照出當下青少年心中的某種潛在欲望。

就"民星崇拜"的成因來説，它本質上是現今"草根文化"由下而上盛行的結果，代表着從"明星偶像"走向"民星偶像"的發展道路。"草根"因其平凡而具有頑強的生命力。"草根"看似散漫無羈，但卻生生不息，綿綿不絕。"草根"賦有民眾精神，草根性具有凝聚力，更具有強大的生命力和獨立性。

正因為如此，我們不妨把"草根文化"視為"個人主義"理想化的延伸。從上世紀 90 年代以來，"個人主義"開始覺醒。而現在，在網絡的發展催化下，"個人主義"漸漸形成了自己的特點、自己的羣落，並有了自己的文化，也就是當下所謂的"草根文化"。這種文化拒絕教條、強調自我、喜歡參與。"草根"不喜歡權威式的說教，卻喜歡說"我就喜歡"。"草根"不喜歡某某知名藝術家，卻喜歡草根明星。因為正是"草根"的參與，民星才能如此受歡迎。換句話說，這是"草根"捧出來的明星，明星受到歡迎，"草根"會覺得臉上有光。

挑戰自我的平台

在媒介和輿論的推動下，"草根文化"不僅成為現今一種"反精英"的青年文化符號象徵，從"明星偶像"走向"民星偶像"更是代表着一種"反明星"的時尚潮流。喜歡追趕時髦的青少年均不約而同地認可，並追逐這種潮流，在崇拜"民星偶像"的同時，也表達出通過表現自己成為下一個"民星"的願望，這正是筆者曾經提出的偶像崇拜"卡拉 OK"的境界。所謂"卡拉 OK"境界，即無論一個人是明星還是民星，只要他有令我們欽佩的特質，就可以成為青少年崇拜的對象。同樣，如果我們身上具有令他人欽佩的一技之長，也可以當之無愧地成為他人的偶像。"卡拉 OK"境界，就是代表着今後青少年偶像崇拜中更廣泛的參與性。從這層意義上說，無論是"泛偶像"、"反偶像"、"非偶像"，還是"另類偶像"、"平民偶像"，"民星偶像"成為當代青少年偶像崇拜的核心，毋寧說是迎合了青少年追求個性、敢於張揚自己的年齡特徵。例如，有評論就曾指出超級女聲節目所蘊含的"超女精神"，其最具特點的體現就是：在時下年輕一代缺少信仰的時候，"超女"給了她們激勵，激勵她們勇於拚搏、自強不息，讓每一個有夢想的女孩有了一個施展拳腳的空間，並讓她們在同一個競爭平台上不斷挑戰自我、超越自我。

3.5 為周杰倫服藥自殺
—— 恐懼型依戀[6]

有一部電影叫《尋找周杰倫》，現實生活中卻真的有一位 17 歲、患上偏癱症[7]的少年周楓上演現實版的"尋找周杰倫"。他離家出走，從湖南追到上海、北京，直到廣州，期間住過 20 多個救助站，再將救助站的微薄資助積攢起來，購買偶像的演唱會門票。就在周杰倫聲稱兩年之內不會再開演唱會，廣州演唱會將成"絕唱"時，當現場氣氛空前熱烈，數萬歌迷在周杰倫的歌聲中歡呼沉醉時，感覺萬念俱灰的周楓卻在看台上一口氣服下了 30 粒安眠藥⋯⋯

蘇醒後的周楓斷斷續續道出了為何自殺的原委："廣州是周杰倫這次亞洲巡演的終點站，我十天前趕到廣州，住進救助站。昨天是開演唱會的日子，我也從救助站走出來買了一張 180 元的門票進入演唱會現場。當我知道以後沒機會見他了，就吃下了安眠藥。"

"又是一個追星的小孩！"

"我是尋求周杰倫幫助的，只有他才能救我！"面對旁人這樣的議論，周楓激動地辯解。

"為甚麼你要找周杰倫救命呢？"

"因為，因為我的偏癱症情況越來越厲害，再找不到他，我也許就站不起來了。"

6　資訊來源：《成都晚報》，2005年12月19日，《周杰倫宣佈兩年不開個唱，歌迷當場吞藥自殺》。

7　半身不遂。

盼得到周杰倫幫助

周楓出生在湖南邵陽一座偏僻的大山裏。由於與父母之間的關係一直不好，加上後來一次外傷導致他出現了偏癱症，使他在家中得不到親情的溫暖。周楓常常覺得頭痛，身體不舒服加上父母還要打罵，無法忍受之下，他選擇了離家出走。身在異鄉的日子裏，他在網吧上網聽周杰倫的歌就成了他人生的最大樂趣。周楓稱，他之所以要離家出走"尋找周杰倫"，是希望能得到偶像的幫助。

"我半年內走遍了 6 個省市、住過 20 個救助站，雖然受罪，但好過在家受罪。我輾轉坐了五趟車才趕到北京，可是我卻錯過了那場演唱會。但是南京、上海、深圳、廣州的演唱會我全都聽了。在南京五台山體育館門口，我被途人擠倒在地差點被人踩死，幸好有位好心人迅速將我拉起來護住了。在深圳體育中心，我餓暈了，幸虧有救助站幫我。"

"你為甚麼一定要找到周杰倫？"

"如果沒有病痛的折磨、沒有家人對我的冷淡，我不會尋求他的幫助。我一心能到外面的世界去尋找他，希望得到他的幫助，讓我得救，找回個人生命的價值。"

"那你為甚麼要自殺呢？"

"我知道自己的病，一天比一天嚴重，我這次見不到周杰倫，可能下次想見都走不了路了。當他在台上說近期不開演唱會時，我覺得非常絕望。"

用心理學的角度來看周楓的成長過程，他的情感依戀不僅僅是得不到滿足，甚至遭受了嚴重的打擊。這種傷害令他不敢再與任何人建立親密的情感聯繫，哪怕是偶像周杰倫。

在聽到別人稱他為"追星的孩子"時，他甚至極力否認。然而，內心深處對於遙親感的渴求卻是難以掩蓋的。周楓在拒絕親密的同時，也害怕偶像離去，害怕得希望通過自殺得到解脫。

周楓不知道以後的路該如何走，也許還是去救助站，還是繼續尋找周杰倫，然而他卻永遠的失去了自我。

殺死約翰連儂

1980 年 8 月，沉寂了多年的約翰連儂（John Lennon）與妻子大野洋子開始錄製他們最著名的專輯《雙重夢幻》（Double Fantasy）。他們雄心勃勃地計劃從日本啟程向西，經過歐洲到紐約，向世界推薦這張專輯。但是，他們不能實現這個願望。1980 年 12 月 8 日晚 10 點 49 分，約翰連儂在他的公寓前被槍殺，倒在血泊之中。洋子驚恐萬分地目睹了這悲慘的一幕。

兇手是一位約翰連儂的瘋狂歌迷，他對約翰連儂的崇拜幾近失去理性的地步。他很快落網並被判處 20 年監禁。但法律的公正卻無法彌補失去約翰連儂的損失，這是全世界的巨大缺憾。約翰連儂無與倫比的智慧、優美動人的歌聲永遠地失去了，更重要的是，失去了一位人類靈魂的開拓者，像他這樣的天才我們此生再難擁有。

約翰連儂是披頭四樂隊（Beatles）的核心人物，也是四位披頭士中最有藝術才華和思想深度的人。他在樂隊中的核心地位不僅體現在音樂創作上的主導作用，也體現在對其他人的生活的影響。約翰連儂和前妻辛西亞的感情一直很好，並生有一子朱利安，然而自從他邂逅日本先鋒派女藝術家大野洋子之後，他的情感世界乃至藝術之路都發生了巨變。

披頭四樂隊在 60 年代末解散後，約翰連儂與大野洋子曾進行了一系列驚世駭俗的先鋒藝術探索，一時為人側目。與此同時，他們在社會政治活動中還做出了一系列大膽行動，一時被美國政府列為不受歡迎的人。1975 年，他們的孩子出世令約翰連儂感覺到自己"像帝國大廈一樣高大"，從此他潛心在家養子，過與世無爭的日子。直到 1980 年重新出山後，卻被刺殺。

《雙重夢幻》專輯獲得了 1982 年度格林美最佳專輯獎。大野洋子懷抱幼子西恩代替亡夫上台領獎，她淚流滿面，百感交集，在場的人們無不為之動容。

約翰連儂之死標誌着 70 年代的結束。

來源：《人民網》，2004 年 12 月 8 日，《歷史上的今天 —— 約翰連儂被崇拜狂殺害》

3.6 追星探視：三個內在方向

　　近年來，隨着大眾傳媒的發展，多種形式新鮮的公眾人物成為廣大青少年熱烈追捧的對象，其中包括"超女"等娛樂明星，也包括"百家講壇"上的學者，甚至還有國家領導人。由此，諸多新形式的出現使青少年偶像崇拜這一傳統論題重新引起心理學、社會學等領域研究者的重視。而社會新生事物也要求這一傳統論題做出理論的完善和創新。近年來關於青少年偶像崇拜諸多實證研究的一大特點是僅描述了現象本身，而結論欠缺深入性和詮釋力。筆者認為，這一問題源於基本的理論預設上的兩個主要缺陷：一是偶像崇拜內涵的解析度低，偶像崇拜類型涵蓋範圍不足。由此，眾多研究內容上出現同質化。為此，結合多年的研究經驗，筆者將於本文提出針對中國青少年偶像崇拜的三個方向和五種分類，期望能夠使青少年偶像崇拜的理論研究，實現"點"上的深入、"線"上的連貫和"面"上的覆蓋。

　　筆者根據多年研究，在此提出偶像崇拜可在神靈性（mysticism）—— 世俗性（mundanism）、精英性（elitism）—— 草根性（commonerism）、禁欲性（asceticism）—— 享樂性（hedonism）這三個方向上存在內在的對立關係。現具體描述如下：

　　神靈性 —— 世俗性：神靈性指崇拜的對象被神化，超越人類認識的存在，從而被認為具有某種超自然的能力，例如上帝、耶穌、佛祖等。與之相對，世俗性保留了人格特點，並且因其獨特的人格特點，而受到大眾的迷戀和模仿，如土地爺、灶神、財神爺等。

精英性 —— 草根性：精英性指崇拜的對象是由掌握大量社會資源（包括經濟資源、政治資源、文化資源等）的少數個體所塑造和主導，代表了一項或多項領域上的優秀人才和領導者，例如古往今來的著名政治家、科學家、軍事家、文學家、藝術家等。與之相對，草根性指偶像崇拜的對象由掌握少量社會資源、普遍自發推崇，例如當初在中國盛行一時的偶像，董存瑞、雷鋒、王傑及紅極一時的超女[8]，如李宇春、何潔、張靚穎等人。

禁欲性 —— 享樂性：禁欲性指崇拜的對象代表一種控制人類本能欲望的價值觀，如歷史上的義士貞女及現今社會的道德模範。與之相對，享樂性指崇拜對象代表了一種追求人類本能快感的滿足和釋放，謀求奢華生活的價值觀，如美國歌星麥當娜、英國足球明星碧咸等。

通過以上三個方向，及六種特性的劃分，我們將看到，中國出現的偶像崇拜現象中，不同類型在內涵上既有互相重疊和依賴的部分，同時又各具特性，構成了偶像崇拜內涵的正六邊形模型。下文將對此進行詳細的描述。

---

[8] 超女：通過超級女聲節目成名的少女歌手。超級女聲是中國湖南衛視從2004年起主辦的大眾歌手選秀賽。此項賽事接受任何喜歡唱歌的女性個人或組合的報名。其顛覆傳統的一些規則，使之受到了許多觀眾的喜愛，是現今中國大陸頗受歡迎的娛樂節目之一。

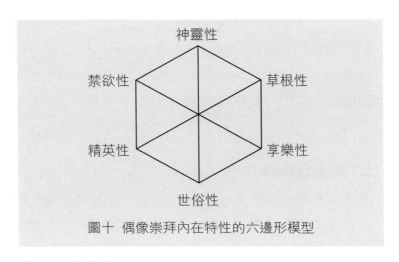

圖十　偶像崇拜內在特性的六邊形模型

偶像崇拜的分型

根據上文對偶像崇拜對象在三個方向上的表現，筆者將青少年偶像崇拜分為以下五類。

（一）宗教性偶像崇拜

宗教性偶像崇拜（Religious idolatry）延續了傳統宗教偶像崇拜的概念。在本文中，它特指對於基督教、天主教、伊斯蘭教、佛教等主流宗教所遵奉的偶像崇拜，如對上帝、耶穌、真主阿拉、釋迦牟尼等偶像的崇拜。這一類型的偶像崇拜的特徵性表現為神靈性和禁欲性，而在精英性——草根性這一方向上卻沒有特別的區分。

宗教性偶像崇拜是人類生存能力和自我意識增強的結果，原始人對於自然力的崇拜逐步發展成為以人格化的神的崇拜。人的主動性和自主權蛻變成了神的權力或權威，並凌駕於人與自然界之上。然而現實的人又要在生活中維持自己的生命，這就不能沒有自主權和自動性，只好通過一些儀式或方式，從神靈討回已經交出的權力，這就是一切宗教崇拜的基本特徵[9]。宗教性偶像崇拜的對象是其各自遵奉、創造世界的神明、神明的造像、與神明相關的人物及言論等。信徒經由嚴格的儀式，獲取偶像崇拜的資訊，其崇拜心理也在儀式中被強化。

（二）民俗性偶像崇拜

民俗性偶像崇拜（Ethnic idolatry）特指民間的文化崇拜，包括中國傳統文化中對自然物或自然現象的崇拜，如對黃大仙[10]、媽祖[11]、財神爺、土地爺[12]等的崇拜。這一類型的偶像崇拜的主要特徵為神靈性、草根性和享樂性。它把人的靈魂信仰轉化成神靈崇拜，並賦予某些真實或虛構人物擁有超自然的力量，目的是期求神靈保佑，以滿足自身的欲望。

中國的民俗崇拜就經歷了佛教、道教以及儒家思想的共同影響，許多相關人物的神異傳說在民間積澱為特定的信仰，甚至有許多毫不相干的資訊附會於某些人物身上並受到崇拜[13]。民俗性偶像崇拜在形式上具有某些宗教性崇拜的特點，但其內涵有別於宗教偶像。首先，民俗性偶像崇拜的人物都是歷史上的真實人物，只是他們的形象被大大的理想化，如對堯、舜、關公、包公等人物的崇拜。其次，民俗性偶像崇

9　何宇紅，1994：105-111。

10　黃大仙：俗名黃初平（約328年至386年），後世稱為黃大仙，著名道教神仙，是香港受到廣泛崇拜的民間偶像。

11　媽祖：又稱天妃、天后、天上聖母、娘媽，是中國東南沿海民俗中歷代船工、海員、旅客、商人和漁民共同信奉的神祇。

12　土地爺：中國民間信仰最為普遍的眾神之一，流行於漢族地區，部分受漢族文化影響的少數民族也信仰祂。

13　岳曉東，2007。

拜的作用十分具體，就是某類人需要那些神靈保佑，如對各行各業的祖先崇拜（如魯班、華佗、鄭和等）都是祈求神靈庇護其從業員。

（三）聖賢性偶像崇拜

聖賢性偶像崇拜（Sage/Luminary idolatry）包括了對中國傳統文化中的聖人崇拜和對近現代精英人物的崇拜。這一類型偶像崇拜的特點是禁欲性、精英性和世俗性。對這類偶像的崇拜既不是為了尋求神靈保佑，也不是為了長生不老，而是為了表達對其人在世時所表現的某種美德、智慧和勇氣的景仰，及其為國為民建立功德的崇敬，如對孔子、孟子、老子、莊子、祖沖之、諸葛亮、岳飛、文天祥等人的崇拜。聖賢性偶像崇拜相對宗教性偶像和民俗性偶像崇拜更具有現實意義。千百年來，聖賢性偶像崇拜主要為儒家所宣導，而儒家的聖人崇拜乃是為了以道壓君，以道統規範政統 [14]。由此，聖人崇拜又常常被轉換成了王權崇拜，內聖外王 [15] 的模式亦不再是由聖而王，而是成了由王而聖，進而使儒家的內聖之學成為專制主義的護符 [16]。本文討論的聖賢性偶像崇拜則包括了各類的帝王崇拜、聖賢崇拜、英雄崇拜及近現代對政治精英人物的崇拜。

---

14 陳宇宙，2005：69。
15 內聖外王為儒家思想，"內聖"指道藏於內心自然無為，"外王"指道顯於外，以推行王道。
16 啟良，2003：10。

（四）娛樂性偶像崇拜

娛樂性偶像（Recreational idolatry）泛指對演藝界、體育界、娛樂界等媒體名人的崇拜，他們可謂是消費型偶像，代表了消費型文化與速食文化的價值觀念。這一類偶像崇拜的特點是其享樂性和世俗性，同時覆蓋了精英性和草根性的全體。在資訊時代，這類偶像借助全方位的商業包裝和無孔不入的廣告宣傳，透過現代傳媒的強大力量，在大眾文化的濃重氛圍中，憑藉其注重感官滿足而贏得大量崇拜者。

對於娛樂性偶像崇拜的內涵，筆者曾提出了"三星崇拜"（Tri-star worship）的概念，泛指對歌星、影星與體育明星的崇拜[17]。作為偶像，他們通常年輕貌美、個性突出、充滿青春活力、具有反叛性等特點，並多以個人的流行性、青春性和情感性等特徵吸引年輕人加以崇拜。明星偶像會給人的精神世界帶來極大的幻想與虛榮滿足，使其沉迷於明星偶像象徵追求奢華的價值觀。處於社會化時期的青少年特別是自我評價較低者，更易受到這樣的影響[18]。青少年對這類偶像的追隨往往停留在感性認識或物質層面，如服裝、髮型、語言、語調、辭彙、神態、容貌、動作等[19]。隨着大眾傳媒的發展和消費文化的擴張，一批知識精英也進入了娛樂性偶像崇拜的範疇，其代表如內地學者易中天[20]、于丹[21]等。

17　Yue, X.D. & Cheung, C.K. 2002：179-191。

18　Cheung Chau-kiu& Yue Xiaodong, 2000：299-317。

19　岳曉東，2007：8。

20　易中天（1947~），廈門大學人文學院教授。長期從事文學、美學、歷史學等多學科和跨學科研究，2005年起開始在中央電視台的《百家講壇》節目裏講解三國歷史。

21　于丹（1965~），北京師範大學藝術與傳媒學院副院長，知名影視策劃人和撰稿人，因在中央電視台的《百家講壇》節目講授"《論語》心得"而聞名。

（五）草根性偶像崇拜

草根性偶像崇拜（Grass-roots idolatry）指平民百姓自發地關注某羣體中的特殊人物。這一類偶像崇拜的特點為草根性、享樂性和世俗性。"草根"一詞譯自英文的 grass roots，屬於意譯詞，該詞於 20 世紀 80 年代傳入中國，隨着中國大眾文化發展，近年來使用頻率日高。據內地語言研究者歸納，當前"草根"一詞具有三層涵義：（1）基層民眾，即與社會精英相對的普通老百姓、小人物；（2）普通的、羣眾性的；（3）非主流的、非正統的、非專業的 [22]。這三層涵義也正概括了草根偶像崇拜的基本傾向，當中包括平民偶像和另類偶像兩類。平民偶像（Ordinary commoner idol）屬於草根偶像中具有傳統正面意義的類型，他們成為偶像人物多源於電視、網絡等新媒體環境下，由大眾廣泛參與的評選活動中形成，這類偶像與"三星偶像"具有形式上的相似，但其內涵卻是民眾的、自主的和反精英的。其代表人物為"超級女聲"、"快樂男聲"等大眾選秀節目中脫穎而出的平民偶像，如李宇春、陳楚生等。

另類偶像（Extraordinary commoner idol）通常指那些個性張揚、言行出位、顛覆傳統，樂於通過網絡等新媒體自我展現，並由此吸引廣大青少年追捧而昇華為偶像。在當代流行文化裏也被謔稱為"嘔像"，又指"嘔吐的對象"。"嘔像"只是供人們狂熱消費、嘲弄，相對偶像，"嘔像"的消費價值取代了美學價值。那些對象不一定是品質最好的，

22　田曉榮，2007：150-151。

不一定是最有價值或內涵的，而常常是最具顛覆性或最具個性的 [23]。這類偶像的代表人物如芙蓉姐姐 [24]，孔慶翔 [25] 等。

小結

上文按照偶像崇拜的三個方向，再細分了五種主要類型。其實際存在還有待於實質研究的驗證。

值得一提的是，偶像崇拜的對象並非狹義地針對某一位具體人物，而是表示該人物的個體特徵所代表的某種價值取向。因此，就某一特定人物而言，他可能同時具有上述分類的幾個方面特徵，比如，中國文化中的"武聖"關羽，有其作為民俗性偶像的意義，同時也有被"聖化"而帶有聖賢性偶像的成分。再如，文革時期的聖賢性偶像也往往有其草根性的出身作為背景，卻被政治宣傳精英化。當中較突出的例子諸如雷鋒、王傑、王進喜等，都是時代的模範榜樣，值得學習。因此，在具體的討論中，我們應以當時文化背景下，偶像人物價值取向的主要方面作為其分類的依據。

還值得一提的是，偶像崇拜與個人崇拜（Personality cult）有很大的不同。雖然兩者都十分強調個人對崇拜人物的景仰，但偶像崇拜並不拘泥於某一位具體人物，也不要求

---

23 李茂，2007：26-28。
24 芙蓉姐姐（1977~），原名不詳，由於其經常在網上貼自己的照片，造型另類誇張，成為了網絡上人氣火爆的紅人，被稱為芙蓉姐姐。
25 孔慶翔（1982~），美籍華裔，在2004年美國選秀節目《美國偶像》唱Ricky Martin名曲《She Bangs》被評判指不能唱、不能跳。他回應自己已經盡力而無悔，因此成名。

絕對的順從與接受，重點反而是表達了對偶像人物所代表的思想或價值認同和推崇；而個人崇拜則大多是針對某一在世的政治、宗教領袖人物，具有更大的盲目性、服從性和行動性。此外，個人崇拜可謂多建立在聖賢性偶像崇拜的基礎上，概念上有很大的重疊，但內涵上相對狹隘。

瘋狂的超女粉絲

"北海玉米這邊集合！"

"桂林玉米穿上隊服！"

12 月 6 日下午，超女史上最具影響力的代表人物李宇春，因宣傳新專輯從北京飛抵南寧，數百名廣西"玉米"手持橫幅、海報和氣球在機場集合，一起迎接偶像，掀起一股接機狂潮。從聽到北京航班降落的廣播起，接機大廳便一片尖叫喧囂。

玉米陣容嚇壞同機旅客

接機的幾百名"玉米"分別來自全區各地，其中桂林的幾十名"玉米"最辛苦，他們上午吃過早餐便從桂林出發，包車趕了 5 小時的路程才到達南寧機場。而人數最多的南寧"玉米"則於當天下午 3 時 30 分準時在銀河飯店門口集合，浩浩蕩蕩包了兩部大巴士前往機場。

機場負責保安工作的小林看着機場大廳內黑壓壓的人羣，便對記者說，他工作幾年以來，是第一次看到這樣大規模的民間自發"接機"陣容。儘管他本人不是李宇春的歌迷，但認定她一定是"超級巨星"。記者發現，龐大的"玉米團"有幾個領隊，她們與機場警員進行短暫的商量後，馬上拿起擴音器要求各位"玉米"安靜，並迅速將幾百名"玉米"排成整齊的"夾道方陣"。下午 5 時 16 分，從北京飛來的航班抵達後，一些和李宇春同機的旅客先走出來，一不留神就走進聲勢浩大的接機陣容中。這時候，"小葱小葱我愛你，廣西玉米歡迎你"的口號響徹整個大廳，一些不明就裏的旅客明顯被嚇壞，趕緊"突出重圍"，逃了出去。

"她真的太帥了！"

記者發現前往機場的"玉米"以女性居多，最大的有 40 多歲，最小的是一對才 5 歲的雙胞胎女孩。李宇春穿着黑色外套、戴着墨鏡出現在行李傳輸帶旁時，她也略微對眼前歌迷的熱情景象感到意外。只見她馬上摘下墨鏡，笑容滿面地走進早就為她準備好的"夾道方陣"中，不停揮手。一些歌迷由於太過激動不停跺腳、跳躍，霎時間還有部分"玉米"忍不住放聲大哭。當記者上前詢問她們落淚的原因時，那些"玉米"還顯得有點語無倫次，只是拚命説："太帥了，她真的太帥了！"

柳州"玉米"買來奇石贈偶像

"玉米"小黃來自柳州，她告訴記者，現在在機場看到的只是一部分"玉米"代表而已。12 月 7 日下午在夢之島水晶城的專輯簽售會上，將有"更大規模的玉米"出現。比如柳州的一個小分隊，這次就來了 30 多人，花 1800 元包下了一輛豪華大巴士到南寧。原來他們想住在李宇春下榻的酒店，但是房價太昂貴就放棄了，選擇了旁邊的一間酒店集體住下來。小黃説，雖然這次來了很多各地的"玉米"，但是柳州的"玉米"為偶像帶來了最特別的禮物，是一個正反兩面都是魚形狀的奇石。"春春是雙魚星座嘛，所以我們費盡心機找到這塊漂亮的石頭，當做禮物送給她。"黃小姐還告訴記者，"玉米"其實很齊心，很團結，也很清醒，並不盲目。比如這次柳州的"玉米"領隊早在網上發出通告，在學校上課的"玉米"這次一律不許請假出來。

來源：《新世紀週刊》2006 年第 30 期《粉絲：被操縱的崇拜運動》

點評：

　　超女無疑是追星活動中一個里程碑。因為在超女誕生之前，青少年的追星多以個體的瘋狂形式表現。而在超女之後，青少年可以通過投票選舉來確認自己的偶像。由此，追星升格為一種有組織、有計劃的集體行動，並可引致一場集體無意識的瘋狂行為。

第四章

追星_與自我認同

4.1 追星就是尋找自我

美國心理學家埃里克森（Erik H. Erikson）在其重要著作《童年與社會 —— 兒童社會學導論》（*Childhood and Society*）一書中提出了心理社會發展説（psychosocial stage theory of development）的理論。此説法將青少年的偶像崇拜，理解為青少年在青春期走出自我同一性（identity）的角色衝突、尋找自我同一性的過程。

"自我認同"又稱同一性，是個體認識自己是怎樣的人，在社會上佔有怎樣的位置，是個體對過去、現在、將來的"我"的認識和體驗的思考。"同一性是他許諾在將來預計要成為的人，是處於他看到自己的形象，感受到別人對自己的看法，以及期望他成為的形象，三者之間的結合……"自我同一性有着個體適應和社會適應兩方面的意義。就個體適應來講，建立自我同一性代表對自己獲得了恰當和充分的了解；就社會適應來講，建立"自我同一性"則代表人對自己在社會中的地位，有了明確的定位。

認識自我

兒童在進入青少年期後，原有的自我同一性遭到破壞，自我出現分裂，個體面臨"自我同一性和角色混亂衝突"（conflict between identity versus confusion）的危機。艾里克森認為，個體從出生就開始追尋自我同一性，只是在這一年齡階段，個體對同一性的追尋會比其他任何階段都更強烈和深刻。為了解決危機並獲得新的同一性，青少年就需要"通過新的、以同輩夥伴及家庭外的領袖人物自居的作用"來檢驗新的自我。而偶像，作為個人認同並信任的對象，反映了個體積極的自我確認，是青少年在成長過程中，對現實自我不滿足而找尋到的最佳理想自我，是自我同一性的最佳代表。

確立自我同一性（identity achievement），表示個體對自身有充分的了解，能夠將自我的過去、現在和將來組合成一個有機的整體，確立自己的理想與價值觀，並對未來自我的發展作出個人思考。

就偶像崇拜的成長需求而言，青少年期是人們"熱烈尋求可以信仰的人和觀念"的時期。每個人的心中都有一個現實自我和一個理想自我。可以説，偶像崇拜是在自我否定期中，追求自我肯定和理想自我的一種特殊形式。

按照艾里克森的説法，偶像是青少年探索自我同一性、融入社會的重要媒介，它可以幫助青少年在青春期避免出現角色混亂，保持心理平衡。

其後，加拿大心理學家馬西亞（James Marcia）進一步提出青少年同一性發展的四種情況，包括自我達成（identity achievement）、自我早閉（identity foreclosure）、自我迷茫（identity diffusion）、自我延遲（identity moratorium）。而在青少年的追星行為中，這四種情況各有體現。

追星的變遷（三）

八十年代：從單一走向多元

　　進入八十年代後，偶像可以清晰地分為兩種類別：一種是傳統的社會道德模範。他們當中有身殘志堅的"中國保爾[1]"張海迪、救火犧牲的少年英雄賴寧[2]等。這些偶像，以他們無私無畏的奉獻精神，繼續成為大眾景仰和學習的對象。另一類偶像則是在各行各業取得輝煌成就的成功人士。在體育界，中國女排在 1981 年奪得世界女子排球錦標賽冠軍，以"五連冠"為中國人找回了自信和驕傲，成為萬眾仰慕的焦點；在文學界，顧城、北島、舒婷等詩人成為無數文學青年心目中的英雄。同時，來自港台的金庸、三毛、瓊瑤也在内地產生了一大批"狂迷"和跟隨者。

　　港台娛樂明星也在這時期大量湧入内地，使國内人形成了早期的明星崇拜：1983 年香港無線電視的電視劇《射雕英雄傳》，令國内人記住了那個惟妙惟肖的女主角黃蓉——翁美玲；一部《上海灘》奠定了周潤發的天王地位；日本的《赤的疑惑》帶來山口百惠。這個時期流行的港台歌星則有 Beyond、張雨生、費翔以及以一曲《我的中國心》傳唱大江南北的張明敏等等。

　　與六、七十年代相比，八十年代的偶像概念更加寬泛，它越過了傳統學習型偶像的範圍，增加了愛慕型的偶像。還有一種說法是，過去的英雄人物是生產型偶像，而現在出現了消費型的偶像——娛樂明星。另外一個特徵是，偶像的作用不再像昔日那樣一呼百應，全民崇拜。從

---

[1]　小說《鋼鐵是怎樣煉成的》的主角保爾·柯察金。

[2]　賴寧（1974年～1988年3月13日），四川省雅安市石棉縣人。1988年3月13日，石棉縣海子山突然發生山林火災，他主動加入了撲火隊伍，不幸犧牲。1988年5月，中國共青團、國家教委作出決定，授予賴寧"英雄少年"的稱號，號召全國各族少年向賴寧學習。

這時期開始，偶像已經走向多元化。

八十年代是一個復蘇的時代，內地青年從鄉鎮走到城市，從頭開始，他們需要奮鬥精神的鼓舞。戰無不勝的中國女排頑強拼搏的精神，以及張海迪身殘志不殘的精神發揮了巨大的作用，很多人就是在她們的鼓舞下完成了自己的奮鬥軌跡。

九十年代：流行時代的文化符號

從八十年代起到九十年代末，隨着市場經濟的開放和中國的國門慢慢打開，社會元素由同質單一性向異質多樣性轉型，人們對偶像的選擇也由過去的被動接受轉變成自主追求。這時期每位偶像能持續吸引粉絲的時間越來越短，往往是"各領風騷兩三年"，變換非常迅速。

在這過程中，中國人的崇拜行為開始向三個方面發展。一是個體戶崇拜，九十年代風起雲湧的"下海"浪潮，煽動起大眾"全面皆商"的熱情。個體戶的自由經濟人身分，以及經濟上的獨立地位，受到青年的羨慕；二是富豪崇拜，這種崇拜體現了個人希望通過奮鬥，而獲得社會地位與良好物質生活的願望，帶有明顯實利的傾向，還有一種羨慕的色彩；三是港台明星崇拜，港台電視劇和歌曲在娛樂生活尚顯匱乏的大陸，引發了"追星"的潮流。在滿足了物質生活的需求之後，世俗化、大眾化的文化消費取代了過去有思想深度的文化形式。青少年的偶像主要是來自港台的娛樂明星，例如張國榮、梅豔芳、王菲、周杰倫、四大天王、F4 等等，娛樂明星通過各種媒體佔據了青少年的眼睛和心。

另一種趨向則是對"實用型"偶像的崇拜。在今天的青少年中，說自己崇拜比爾‧蓋茨（Bill Gates）的人比比皆是。在實用主義泛濫的上世紀 90 年代，對於成功、財富的嚮往使一大批學術精英、企業家成為青年的新偶像。

二十一世紀：成功人士的崛起

　　楊利偉、姚明、丁磊 [3] 等新偶像的出爐，開始為這個新時代找尋一個關鍵字。楊利偉是得志的航天英雄，姚明是耀眼的體育巨星，丁磊是身家上億的 IT 富翁。這些新偶像，固然各有個性，例如鄧亞萍的身上有着國人一貫讚賞的拚搏氣質，但作為一個整體，他們共同凸顯的時代關鍵字，是成功。相比過去社會更強調挖掘成功背後的精神因素，以及為集體爭光的大我情懷，這時期尊崇成功人士，顯然更聚焦於個人成功。

　　另一方面，除了對成功的聚焦以外，因網絡在社會生活中的普及和滲透率，而迅速躥紅的一批 "平民偶像" 也越來越引起人們的關注。屬於同齡的 80 後作家也成為年輕人心中新的偶像，例如韓寒、郭敬明等人便成為文學領域的明星。而芙蓉姐姐、孔慶翔、後舍男孩則成為另類偶像的代表人物。

　　2005 年夏天中國最火爆的一個娛樂節目就是超級女聲，簡直把中國的電視界弄翻天，從節目的海選環節開始，無數觀眾就毫不吝嗇地為這個節目展開了爭辯。據報道，這節目有 "15 人參賽，至少 54 萬人參與票決，兩億多人收看"。當眾多的媒體孜孜不倦地跟蹤報道、眾多的學者津津有味地研究探討、眾多的電視同行橫眉冷對超女這強大的節目對手時，我們最可愛的粉絲，因為獲得了主動參與製造明星的快樂過程，不停地按動手機發短信投票，甚至走上街為心愛的偶像拉票。於是，李宇春，這位最後有過百萬位支持者投票選出的超女冠軍，便成為這個時代草根偶像最突出的代表人物，被演化為 "大眾音樂英雄"。

3　丁磊，中國資訊科技業的著名企業家。

4.2 聾啞少女跳出成就
—— 自我達成

　　自我達成（identity achievement）表明個體考慮了各種實際選項，作出選擇，並實踐該選擇。普遍在結束高中學習生活之前，似乎沒有學生能夠達到這種完滿情況。跨入大學校門的學生也需要花一段時間才能作出決定。對一些成人來說，在他們生命中的某階段，也許會達成穩固的自我。之後，還可能放棄前一種自我，而形成新的自我。對於個體而言，自我一旦達成，也不意味着一成不變。

面對追星，清醒永遠比狂熱更重要 [4]

　　2005 年，中央電視台春節聯歡晚會上，出現了令所有人屏息凝視的一幕表演 —— 敦煌彩塑中的千手觀音。人們牢牢記住了 21 位創造驚人之美的聾啞演員，尤其是秀美沉靜的第一尊觀音 —— 邰麗華。

　　邰麗華出生在湖北宜昌，兩歲時因高燒而變成聾啞。7 歲那年，邰麗華在聾啞學校就讀，當中一堂律動課改變了她的一生。那天，老師踏響了木板上的象腳鼓，有規律的震動傳到站在地板上的學生，讓他們知道甚麼是節奏。邰麗華全身匍匐在地板上，她指着自己的胸口"告訴"老師："我喜歡！"邰麗華突然發現，有一種語言是屬於她的，那就是節奏。

　　15 歲時，邰麗華正式學習舞蹈，並十分崇拜舞蹈家楊麗萍，非常酷愛她跳的舞蹈《雀之靈》。一天，她練舞時被著名

---

[4] 摘編自盧勤：《告訴世界，我能行！》，中國少年兒童出版社，2005年版。

編導張繼鋼先生看到了，非常感動。他便打電話給著名舞蹈家楊麗萍，指有一位聾啞姑娘，特別喜歡她的孔雀舞，請她前來看一看這位姑娘。楊麗萍當時說："看看可以，但我不會教跳的。"來到藝術團，邰麗華給楊麗萍跳了一遍《雀之靈》。楊麗萍驚訝地說："假如把我的耳朵捂住，我無法想像自己能夠完成《雀之靈》。"楊麗萍當即脫掉鞋子，全身全意地指點邰麗華跳《雀之靈》的每一個動作。

執着加上天賦，使邰麗華很快脫穎而出。她經常隨中國殘疾人藝術團出國演出，多次獲得各種獎項。她和夥伴合作的舞蹈《千手觀音》在雅典殘奧會上震驚了世界，隨後又到春節聯歡晚會的舞台上再次表演。

說到另一個例子，2003 年，大連一位 16 歲的少女在家中自殺，起因只是因為母親沒有給她買偶像張國榮的唱碟。她在日記中寫到："看着他，我不知道哭過多少次。我喜歡他，不是因為他長得帥，而是因為他的那種與眾不同的性格。他的一舉一動、一喜一悲都令我心動。"

同樣是美女，同樣在追星，為甚麼追逐張國榮的女孩變成了冤魂，而崇拜楊麗萍的女孩卻成為舞台上耀眼的明星？

這裏蘊含兩種不同的層次：第一、她們追星的目的不一樣，追逐張國榮的女孩是種癡迷，盲目地迷失自我。邰麗華也是癡迷，醉心學習偶像的舞蹈，卻清醒地成就自我；第二、追求的內容不一樣，前者追求偶像髮型、衣着、星座性格的資訊，而忘記了根本的明星成功之道；後者追求品德、藝術、成就，最終業精於勤，學藝到手。

青春偶像既可以成為青少年崇拜及情感依附的對象，也可以成為青少年自我成長及激勵的榜樣，追星可被視為青少年人格成長道路中一個自然的環節，對傑出偶像人格魅力以及事業成功等因素的認同，推動青少年向偶像學習和自我的良性仿效，並可降低青少年的虛榮欲望和浪漫幻想。

偶像崇拜與學業工作

香港城市大學應用社會科學系的研究人員在 2001 年 4 月及 5 月期間，利用電話對全港住戶中的 12 歲到 19 歲青少年進行隨機抽樣訪問。結果訪問了 833 位有代表性的青少年。是次訪問的回應率為 95.5%。

該訪問的其中一項目標為了解青少年崇拜偶像的情況。在訪問中，青少年最多可提名三位偶像人物，並用 0 到 10 分的量表指出他們對各偶像的崇拜程度。此外，青少年還提供了其他有關崇拜偶像的資訊及個人資料。

結果表明，青少年對偶像（包括自己、父母及其他親友）的平均崇拜程度為 6.74 分，並不十分高。而他們每月花在每位偶像的支出的幾何平均（即把各青少年的支出相乘，然後根據青少年人數來開方）為 12.3 元（崇拜自己或家人的青少年，也有花在偶像上的支出，因為他們亦會同時崇拜其他偶像）。他們每月花在 3 位曾列出的偶像的支出的幾何平均為 29.2 元。以全港約 72 萬位年齡介乎 12 到 19 歲的人口計算，全港青少年每月花在偶像上支出可達 2100 萬元。

所有受訪青少年共列出 226 位偶像人物，包括母親、父親、老師及自己。所有青少年對他們母親的崇拜度合計 671 分 ，是第六位總崇拜度最高的人物，剛好是獲得最高總崇拜度的陳慧琳（佔 56.6%）的一半。父親所得的總崇拜度為 505 分，名次比劉德華低一級。老師所得的崇拜度為 319 分，比張柏芝低一級。耶穌所得的總崇拜度為 64 分，只在第 31 位，比 Beyond 還要低。青少年對自己的崇拜的總分為 22 分，比宇多田光還要低。

在列出的偶像人物當中，181 位為歌、影、視、體育明星（佔 80.8%），23 位為學識傑出人物（佔 10.3%），包括學者、文人、思想家、政治家、軍事家等。學識傑出人物比非學識傑出人物獲得較低的總崇拜度，總支出也較低。但這兩類偶像人物的平均崇拜度及平均每月支出則相若。另一方面，崇拜學識傑出人物的青少年預期自己的未來一年表現、近來一年表現及過去一年表現的平均分數都比崇拜非學識傑出人物的青少年的分數為高，此差別在統計學上有顯著的意義。學業或工作表現較好的青少年較崇拜學識傑出人物，此亦與青少年預期自己在未來一年有較好表現有關。他們多數有較高的教育水準，及較少是學生。

偶像影響個人發展

崇拜歌、影、視、體育明星的青少年，預期自己的未來在學業或工作上的表現的平均分數明顯較崇拜非明星的青少年為低 。他們多為學生。數據上顯示，他們對過去表現的分數並不特別低，反而預期未來表現則明顯較低，反映崇拜明星有可能令青少年自覺表現會較差。

偶像人物當中，貝多芬、朗平、蕭邦、張五常、蔡瀾、莫札特、畢加索、彭定康、父母、李嘉誠、陳啟泰、李天命、李澤楷及愛因斯坦等的青少年崇拜者在未來一年表現平均較高。這些人物多為有學識的傑出人物。相反，張家輝、周慧敏、奧尼爾、周杰倫、米高積遜、米高佐敦及王傑的青少年崇拜者在未來一年表現平均則較低。看來這些體育演藝明星較吸引表現差的青少年，成為他們在學業及工作以外，另謀發展的嚮往對象。而以同學作崇拜對象的青少年，平均預期未來一年的表現會較差 。換句話説，成績差的學生多會以成績好的同學作崇拜對象。

根據社會學習理論，人會模仿其接觸人物的行為表現。假如接觸或崇拜的人物在學業及工作表現上突出，模仿者亦會在這些方面有所表現。反之，假如所接觸或崇拜的人物在學業及工作表現上欠佳，模仿者亦會在這些方面有所不足。由於青少年大多是學生，所以他們所關注的表現多在學業方面，而偶像人物的學識，是會影響青少年崇拜者所關注的表現。

另一方面，從壓力理論分析，表現差的青少年在學業或工作方面不理想，轉向尋求另類發展。崇拜明星會是他們慰藉心靈的方法。在社會上，體育演藝明星可能發揮着疏導青少年在學業或工作上失敗情緒的功能。然而，他們卻未能增進青少年學業或工作上的表現。況且，偶像崇拜是有代價的，青少年在這方面的花費是不菲的。

從以上資料可知，偶像崇拜是青少年的普遍行為，而且與他們短期內的學習或工作表現有關。從積極方面看，青少年可從有學識或才華傑出的人物中，汲取增強表現的動力及元素。因此，他們應該以理性的態度向偶像學習，而不是僅以偶像崇拜作為消費的形式。其實，問題的核心不在於如何阻止青少年追逐明星，而在於如何有效引導青少年，把心中的偶像化為成功的榜樣。對此，家長、教師、社工和各關注青少年成長的人士應儘量理解青少年偶像崇拜的背後動機，並多了解青少年成長的特點，體諒他們的需要，運用偶像崇拜來啟發青少年，指導他們選擇古今中外有學習價值的偶像，引導他們從偶像人物身上汲取努力成才的養分，從而幫助他們發掘偶像的長處，並加以學習，而不僅僅是迷戀他們的風采。

4.3 偶像與榜樣相輔相成
—— 自我早閉

　　自我早閉（identity forclosure）描述的是個體過早地將自我意象固定化，沒有考慮各種選擇的可能，而停止了同一性的探求。自我早閉的青少年往往缺乏主見，遵從他人的目標、價值觀和生活方式。這裏表示的他人包括父母、宗教羣體等等。自我認同完成過早的人會顯得刻板、膚淺，不會沉思、應變能力差、但很少會憂慮。這類人傾向接受父母以及權威人物的價值觀，喜歡有組織、有秩序的生活，並多尊重權威。

夏青：我的偶像與榜樣 [5]

　　夏青在湖南電視台娛樂頻道任職編導及製片。在十多年的職業生涯中，她一直在幕後製作各種娛樂選秀活動。去年夏青突然走到台前，出現在自己策劃的新欄目"超級女聲"評委席中。1991 年畢業於北京電影學院的夏青，她的成長時期正處於交替的歷史時期，由文革時期高度單一化的偶像崇拜取向，轉型至改革開放後的探索型多元化偶像崇拜。另外，她又親身參與了二十一世紀成熟型多元化偶像崇拜的組織和推動。對於偶像，她有一番獨到的體會。

　　夏青回顧她一手策劃的"超級女聲"時，説道："不記得從哪場比賽開始，'超級女聲'的觀眾門票變得異常緊張，一個很久沒有聯繫、遠在河北的同行打電話來説，一定要為

5　資訊來源：夏青，《偶像&榜樣》，《南方都市報》，2005年8月24日。

他弄兩張門票，他那 15 歲的女兒非要看'超級女聲'不可。可憐天下父母心，做我們這行的人都知道，這個時候去麻煩人是最開不了口的。唉！輾轉問了幾個人，終於弄到兩張入場券，父女倆也在直播的那天早晨趕到長沙，本想安排他們到長沙的旅遊景點看看，可是女兒卻提出要先去為自己的偶像做個宣傳牌！"

迷戀超女的小女孩她見過太多，倒是女孩父親的一句感歎讓夏青感慨不已："我們那個年代哪有偶像？只有榜樣！"對於在被權威偶像束縛的時代長大的夏青而言，她有一種篤定的認知："'超級女聲'應該成為現今孩子的榜樣，而不是偶像！"然而當她聽到一個陪同女兒追逐偶像、來到長沙的爸爸那感慨的話時，忽然間覺得有一種頓悟。

"為甚麼不可以是偶像？

我年少時的偶像是誰？沒有！

誰曾是我的榜樣？無數！"

夏青以父母、老師為她選擇的榜樣為學習例子，按部就班地成長。如今她成功開創了自己的天地，但是她的內心卻不無遺憾。因為年少時大環境的教導使得那整整一代人不敢有偶像，也沒有人能體驗因崇拜偶像而點起對未來狂熱的猜想，沒有自我選擇偶像或榜樣。夏青開始反思偶像在青少年成長過程中，究竟應該扮演怎樣的角色。

不能自我選擇永遠是被動而缺乏創造力的，雖然也或能做出成績來。偶像夢想離現實也許只是一步之遙，何不讓生活多些絢麗的色彩、美妙的音符？我們應該相信自我成長的原動力，它並不會因為一時的激情而走上永久的歧途。

經歷了這一番內心的辯論，夏青為"超級女聲"節目找到了新定位："當超女憑美妙的歌聲以及過人的勇氣和膽識戰勝自我，登上這個舞台的時候，她們的個性已經在節目的雕琢下，幻化成一種神秘的力量，經過一個設計相對完整的電視節目環節不斷打磨的超女，背後的光環已經越發明顯。作為偶像，富陽光氣色、積極、向上、勤奮、善良的她們是優質的！哪怕是孩子對她們有些盲從都不用擔心！"

　　青少年的人格成長需要自由的空間，學習榜樣是必須的過程，而對偶像的選擇和追求，才能將他們主動認知的精神動力發揮到最大！

內地與香港青少年追星特點對比

　　筆者從 1999 年開始至今，在香港和中國內地進行了多次跨區域的比較調查研究，並在調查基礎上提出了四種青少年偶像崇拜文化。具體地說，香港和中國內地的青少年偶像崇拜行為基本上走了一條殊途同歸的道路：內地上一代青少年的偶像崇拜是一種"榜樣崇拜"；香港上一代青少年的偶像崇拜是一種"師長崇拜"；八、九十年代的兩地青少年偶像崇拜基本上都走"三星崇拜"的模式；而現今內地青少年的偶像崇拜基本上都遵循"三星崇拜＋民星崇拜"的模式。

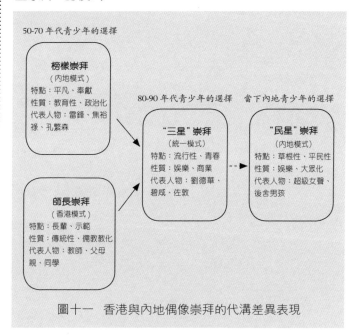

圖十一　香港與內地偶像崇拜的代溝差異表現

"榜樣崇拜"：內地上一代青少年偶像崇拜的核心

　　內地上一代青少年偶像崇拜的核心可謂"榜樣崇拜"，它具有濃厚的思想教育色彩。特別是從五十年到八十年代這段時期內，內地青少年所接觸的偶像，大多是政府樹立起來的公眾模範和榜樣人物，他們當中有像董存瑞、黃繼光、邱少雲這樣的戰鬥英雄，有像雷鋒、王傑、焦裕祿這樣的公眾榜樣，有像華羅庚、陳景潤、蔣築英這樣的科學家，還有像保爾·柯察金和張海迪這樣身殘志堅的殘疾人士。作為公眾榜樣，這些人物的共同特點是形象平常、生活平凡、事蹟突出、克己奉公並具有強烈的自我犧牲精神。他們之所以能夠贏得他人的欽佩和崇拜，本質不在其外表特徵突出或具有某種特殊才能，而在其生活事蹟十分感人。這是與政府宣傳部門的大力推廣有直接關係的。由此，榜樣教育包含着強烈的偶像特徵，使兩者之間達到了完美的協調統一，以其特有的方式感染着青少年。

就"榜樣崇拜"的性質而言，它基本上可謂一種以特質為核心的社會學習和依戀。具體地説，"榜樣崇拜"提倡青少年以一種較為理性、實際和非情緒化的社會認知來看待其崇拜對象，對他們的內涵加以綜合性認同和模仿。其結果，青少年會對其崇拜對象加以榜樣性認同（model identification），理性地評估、接受那些值得自己崇拜的人物，進而產生某種聚焦效應。它還可促使青少年對其崇拜對象產生認同式依戀（identifactory attachment），這突出表現為青少年對其崇拜人物的依戀，此依戀行為建立在想獲得類似成功基礎上。有調查表明，對社會名人的認同式依戀會推動青少年自我確認和勵志，激發他們自我成長。

就"榜樣崇拜"的形成而言，它的出現主要是政府各級部門大力宣傳的結果，具有很明確的政治取向性、教育性和組織性。具體地説，每一個榜樣人物的出場，都事先經過政府宣傳部門相當深入的形象包裝和特質界定，再經過各層教育機構和青少年團體統一安排和指導，使得每個青少年清楚了解應該認同其榜樣人物的哪方面。在這層意義上説，內地"榜樣崇拜"的形成主要是教育作用的結果。

在"榜樣崇拜"的推廣宣傳當中，雷鋒的榜樣效應最成功，也最具代表性。雷鋒原本是東北某部隊的一名汽車兵，生前曾做過許多助人為樂的事情。在他因公傷去世後，這些事件被人整理出來，加以系統地宣傳和介紹，成為了那個時代年輕人學習的榜樣。為有效地樹立這一公眾榜樣，毛澤東、劉少奇、周恩來、朱德這些最高級的國家領導人都出面為之題詞，使學雷鋒的運動在內地再三大規模地開展。從六十年代到八十年代間，雷鋒一直是內地青少年思想認同的重要對象。"做新時代的活雷鋒"，也一直是那時代青少年自我成長和人格塑造的參照指標。

進入九十年代，在主旋律和精品戰略的宣導下，時代英雄又再一次成為一個主要挖掘的文化資源。孟繁華在《眾神狂歡》裏這樣表述："在沒有英雄的年代，人們一方面渴望英雄主義的風采再現，為庸常的生活注入新的想像；另一方面，對英雄的傳奇性期待以及當代英雄頌歌的平庸，又難以滿足人們的要求[6]"。

"師長崇拜"：香港上一代青少年偶像崇拜的核心

香港上一代青少年偶像崇拜的核心可謂"師長崇拜"，這主要是對教師和父母長輩的崇拜。就"師長崇拜"的個人特徵來説，香港中年人年輕時的偶像多以父母、教師為主，以政治家和演藝界名人為輔。通過對香港 140 名在職人士的一項調查，筆者發現香港被訪者年輕時最欽佩的人物類型首推教師，而對父母親的崇拜也排在前五名之列。而他們年輕時欽佩人物前十名的排名中，教師、父親、母親分別名列第一、第三和第四位。

就"師長崇拜"的性質來説，它可謂傳統儒教思想中

6　孟繁華：《眾神狂歡 —— 當代中國的文化衝突問題》，今日中國出版社，1997年版，頁99。

"孝敬父母"、"尊長愛幼"及"師道尊嚴"等思想的延續。在九七年香港回歸之前的很長一段時期內，香港由於與內地的隔閡以及對殖民文化的排斥，傳統文化得以延續並壯大。由此，教師、父親、母親、兄長、姐姐和周圍的年長朋友都會自然成為那個時期青少年的偶像。從這層意義上講，香港的"師長崇拜"主要是傳統文化作用的表現。

就"師長崇拜"的形成來説，香港上一代青少年之所以相當程度地選擇教師和父母為其崇拜對象，一方面當與香港社會和學校教育中敦厚的儒教傳統有關，另一方面也與香港社會上一代青少年成長中，沒有得到明確的偶像或榜樣推介有關。具體地説，在上一代人的成長過程中，香港青少年的偶像崇拜基本是處於自然選擇狀態，政府教育部門和有關社會團體都沒有明確地向他們推介甚麼特殊的偶像或榜樣人物來加以認同。而且在那個時期，偶像與榜樣的界限也不像今天這麼突出、明顯，教師和家人都可以成為青少年最崇拜的人。由此，那個時代的青少年選擇甚麼崇拜對象，完全是家庭、學校和社會影響的綜合作用所致。在這種環境下，傳統的儒教思想就家庭和師生關係的影響即可發揮最大的作用。

"三星崇拜"：現今內地、香港青少年偶像崇拜的核心

八十年代中期以來，隨着高科技和大眾媒介不斷發展，流行文化日益深入人心，"三星"人物也越來越佔據青少年偶像崇拜的市場，成為他們精神和情感世界的中心。有報告説，對"三星"的追逐佔據了許多香港中學生的課餘時間[7]。在內地，隨着不斷加強改革開放，青少年的偶像市場日益多元化、娛樂化和商業化。他們也越來越被港台和世界各地的"三星"人物所吸引，成為他們的追逐者。

7　Wong, S. W. & Ma, K. (1997). *A survey on the patterns of Canto-pop appreciation in Hong Kong*. Dept. of Applied Social Studies, City University of Hong Kong.

就"三星崇拜"的個人特徵來説，他們通常具有年輕貌美、個性突出、充滿青春活力、相當富有，甚至反叛性強等特點。而從實際情況來看，"三星崇拜"多具有"流行性"、"青春性"和"情感性"等特點，雖其偶像崇拜當中包涵一定的價值內容，但主要內容是對偶像外貌形象的欣賞與模仿。青少年偶像崇拜的對象往往都具有鮮明的、能跟青少年心理傾向相共鳴的外貌形象特徵。由此，劉德華、黎明、佐敦、趙薇等人會成為現今青少年迷戀的偶像，絕非偶然。

就"三星崇拜"的性質來説，它本質上是一種以人物為核心的社會學習和依戀。它以一種頗為直觀的、非理性的、神秘化和神聖化的社會認知來看待偶像人物，對他們進行直接模仿、全盤接受和沉湎式依戀。它可使青少年產生某種超現實的自我情感體驗，排斥現實生活內容，迷戀或嚮往遠離現實的人格形象和生活方式。換言之，"三星崇拜"的形成過程本質上是個體對崇拜人物不斷理想化、浪漫化和絕對化的過程。在此意義上，"三星崇拜"的追逐也是某種光環效應的結果。它形成了一種誇大的心理傾向，把偶像看得好得不得了，而導致盲目信賴，崇尚一種複雜的心理結構。由此，偶像在其崇拜者心目中是神聖不可侵犯的，任何人攻擊和侵犯其崇拜對象，也等於攻擊他們本人，是不能容忍的，他們會盡全力來維護其偶像的尊嚴。

就"三星崇拜"的形成來説，它本質上是現今社會大量新聞炒作和商業包裝的結果，具有很大的商業性和功利性。每位明星的推出和宣傳都包含巨大的媒介和商業利益。每位明星的生存與發展，通過媒介和包裝公司的推廣，再通過其迷戀者不斷追逐與奉獻，來擴展其生存空間。因此，明星與迷戀者之間形成了魚和水的關係，他們相互依賴，密不可分，而連接他們之間的橋樑就是有關明星的各類商品。在這層意義上講，現今的"三星崇拜"的形成主要是商業化作用的結果。

最後，值得特別強調的是，"榜樣崇拜"與"三星崇拜"之間有兩點本質不同：（1）"榜樣崇拜"本質上是以教育和政治利益為出發點，而"三星崇拜"本質上是以經濟和市場利益出發；（2）"榜樣崇拜"本質上是政府推薦給青少年的，有很大的教育性，而"三星崇拜"本質上是青少年自己的選擇，有很大的娛樂性。

現今社會的青少年偶像崇拜，越來越受社會環境，特別是大眾媒體的支配。在此基礎上，無論是內地的"榜樣崇拜"，還是香港的"師長崇拜"都殊途同歸，被"三星崇拜"的巨大洪流席捲，一統天下。這突顯了現今社會，大眾媒介的深遠影響及其背後的巨大經濟利益，已使青少年偶像崇拜這樣一個階段性心理學現象，日趨商業化、娛樂化和功利化。青少年大多視歌星、影星和體壇明星之"三星人物"為其絕對的精神偶像，他們欣賞的多是其表面形象，缺乏對其深刻內涵的認同基礎。在此意義上講，對青少年偶像崇拜代溝變化的研究，也是對整個社會變遷的研究。它將偶像和榜樣，這兩個原本十分接近的概念，越拉越遠，越來越成為對立的關係。具體地說，偶像的形象越來越被神聖化、神秘化。而榜樣的形象越來越被平常化、平凡化，例如，大陸學者薛曉陽就指出[8]，內地的某些中學生坦言，他們現在不需要榜樣，而需要偶像。這是對內地多年來實施的"榜樣崇拜"的最大挑戰。

8　薛曉陽：《偶像教育：教育理論的新概念》，《教育評論》，1997年第1期，頁22-25。

4.4 超級偶像崇拜綜合症
—— 自我迷茫

自我迷茫（identity diffusion）是指個體不知道自己是誰，不知道想做甚麼，沒有明確的發展方向。經歷着同一性分散的青少年無法成功地作出選擇，或者他們會逃避思考問題。他們缺乏興趣、孤獨、對未來不抱希望，或者可能很叛逆。

現今全世界最紅的偶像之一當數美國的電腦大王蓋茨了。他當初是電腦界的神童，現在是電腦界的教皇。他的微軟公司市值相當於整個香港的股市，也差不多是西班牙一年的國民生產總值。他使人們懂得甚麼叫"富可敵國"，也體驗到甚麼叫"樹大招風"。據説，他現在最大的苦惱是怎樣在有生之年將絕大部分的家當都捐出去，以儘早摘去"世界首富"的桂冠。

蓋茨崇拜綜合症

面對蓋茨的成就，人們無疑會對他產生無限的崇拜心理。但怎樣認同他所代表的價值，看待他所取得的成功，可能會對一個人的自我成長和自信心確立帶來截然不同的效果？如果人們看的是蓋茨是如何聰明絕頂、強悍精幹、鴻運不斷、富可敵國，那麼人們勢必會把蓋茨看成一個超級偶像。結果蓋茨便成為人們心中的一尊神，他高高在上，永遠令人望塵莫及！相反，如果人們看的是蓋茨如何堅忍不拔、善於創新、吃苦耐勞、謙虛謹慎，那麼人們就會更能從他身上汲取自我成長的養分，進而像他那樣追求事業成功。由此，蓋茨便成為一個超級榜樣，激發人們自我奮鬥的決心。

據美國一個心理學報告顯示，在 500 名 15 至 45 歲抽樣調查的男性當中，有不少男性患有“蓋茨崇拜綜合症”，其突出表現為：面對蓋茨會深感自卑自憐，埋怨自己沒出息，不能像蓋茨那樣去創一番驚天動地的事業，有人甚至會去飲酒解悶。這些人一方面會因幻想自己變成第二個蓋茨而瘋狂地工作，不顧家人和親朋好友；另一方面卻因永遠趕不上蓋茨，深感氣餒，情緒大起大落。這使他們活得很累，也活得很沮喪。

這種現象的出現，本質上就是因為這些人把蓋茨看成了超級偶像，以至於令人備感窒息和無用。而如果這些人能夠認同蓋茨的創業精神，而非要去追逐他的名聲和財富，相信他們對自我的感受會較好，至少不會去以酒消愁。從心理學上來說，當人們無比崇拜某位名人時，就會生出一種認知上的“光環效應”，把那人的一切都看得神乎其神，高大無比。相反，當人們只是看重某位名人的個別特徵時，就會生出一種認知上的“聚焦效應”，從而實事求是地看待那人的價值。“光環效應”和“聚焦效應”的對比，是無限擴大和無限集中的對比，也是增強自卑和增強自信的對比。

蓋茨到底是人們心目中的超級偶像，還是超級榜樣，這可能是“仁者見仁，智者見智”的事了。但有一點應當是明確的：崇拜蓋茨不應增強人的自卑感，而應增強人的自信。崇拜蓋茨應如此，崇拜其他偶像也應如此。其實，蓋茨能有今天的成就，主要有兩條原因：一是他勇於創新，不斷挑戰自我；二是他能夠吃苦耐勞，不畏險阻。蓋茨在哈佛大學讀書時，曾有兩件事傳為美談。一件事是他為及早開創個人的事業而毅然從哈佛退學，這已經廣為人知。另一件事是他曾有過三天兩夜沒有離開電腦房的紀錄（那時候學生只有在電腦課才能使用電腦），這還鮮為人知。我在哈佛大學讀書時，也曾有過類似的經歷。一日，電腦房的一位主管與我聊起在此地熬夜的哈佛前輩時，提起了蓋茨當年創下的紀錄，並要我記住這個名字。"那小子，沒見過他那麼能拚命的人，將來一定會大有出息的。"至今，我還清楚記得那個主管說話時不斷搖頭的樣子。這是我第一次聽說蓋茨這個名字，我記住了它。

　　現在，蓋茨已是一個響徹雲霄的名字。但對我來說，他永遠是我刻苦耐勞的榜樣。而在蓋茨面前，我是不會感到自卑的，至少我完成了在哈佛的學業，拿到了博士學位，而他卻及早從哈佛退了學，甚麼學位都沒拿到。

　　但我仍然要向蓋茨致敬！

在追星時代裏

2004 年 12 月 4 日台灣電影第 41 屆金馬獎揭曉，曾多次與該獎失之交臂的萬人迷劉德華終於如願稱帝。《晶報》有兩篇隨筆和劉德華有關，非常適合向學生推薦。通過聽聽偶像的勵志故事，具有顯著的正面教育意義。讓學生直接面對現實生活中的人物，讓他們走進那些真實的故事，默默地感動，默默地思考，慢慢並且持續地健康成長。

《向劉德華學習》

"這麼多年下來，我才發現，劉德華比我想像的要'成熟'。多年來，就是這個叫劉德華的人，腳踏實地、身體力行，向我們展示了一種獨特的'成熟青春'。二十來歲出道，就被少女們追捧，如今四十出頭了，依然是少女熱愛的偶像。這樣的職業成就，有幾個人能做到？所謂'成熟青春'，體現在劉德華的身上，其實就是一種持之以恆。正如毛主席老人家所說：'一個人做一件好事並不難，難的就是一輩子做好事'。那麼，劉德華可以將偶像做到五十歲、六十歲嗎？現在我可以十分肯定地說，我絕不懷疑。"

《一種平凡的成功》

"他總是那麼精神抖擻意氣風發，在公眾面前的他，看不到任何疲倦。剛剛眾望所歸奪得金馬獎影帝，來不及休息片刻，他立刻趕往台北機場，準備參加第二天在上海舉行的《天下無賊》首映式。一夜未眠的他，看上去還是精力充沛的樣子。大家都叫他'劉鐵人'……他一如既往認真誠懇的神情，他是最具有娛樂精神的香港藝人，他的認真與執着是出了名的，他一再表明自己沒有天分只有靠勤奮，所以他在任何時候都態度誠懇。他做過的事情，希望可以讓每個人都滿意，他是這樣一個要求完美的人……他出身低微，沒有甚麼高學歷或者海外留學背景，他拍過的爛片比好片多得多，他多次投資失敗，他不是一個一帆風順的人，他唱歌演戲都不是最好的。就是這樣一個看似‘普通’的人，成就了今日二十年不倒的偶像劉德華。”

摘自毛冰、李艷麗、彭遠羣：《在追星時代裏》，
《廣東教育》，2005 年第 19 期，頁 21

4.5 逐漸看清自己
—— 健康追星與自我延緩

美國心理學家埃里克森最先提出自我延緩（identity moratorium）的概念，表示青少年延遲作出個人生活或職業的選擇和承諾。埃里克森認為，在一個複雜社會，這是青少年勢必要經歷的自我認同危機階段。而今，這一階段不再被稱為危機，因為對大多數人來說，自我達成是一個逐漸緩慢的探索過程，而不是外在的急劇變化。延期選擇很正常，而且是健康有益的。

自我延緩和自我達成都被認為是健康的。青少年親自去做一些試驗，摒棄不適合的東西，發現適合自己的生活方式，尋找根源。這些是建立牢固自我同一性的重要部分。那些無法跨越自我早閉和自我迷茫的青少年不能很好地適應。自我迷茫的青少年經常放棄，把自己的生活歸結為命運。自我早閉的青少年很刻板、不寬容、獨斷、傾向自我防禦。

一個玉米的標準樣本：為了春春而上進 [9]

白二少（網名），女，廣州人。2005 年 9 月 4 日於天涯論壇的娛樂八卦版中發表帖子《(亂盤超女：特輯之一) 李宇春 PK 話筒架》後，在 "玉米地" 中一舉成名。該帖引來 5,144 條回帖和 83,445 次的點擊率，並被轉載到全國各大網絡論壇，至今仍被奉為玉米帖中的經典文字。她在接受

9　資訊來源：《新世紀週刊》，2006年第30期。

《新世紀週刊》2006 年第 30 期訪問時，道出了她自己作為一個"玉米"的感人故事。

可以這麼説，如果當時沒有看到春春（粉絲對李宇春的昵稱），我不會一直看超女，可能瞟幾眼就算了。我父親是體育教練，我從小一直跟着他看體育比賽，長大之後也會看看國際新聞和經濟新聞，但對娛樂新聞從來都不關心。

2005 年夏天，因為"超級女聲"實在是太紅了，於是我就準備看看到底是怎麼回事。在此之前，我連李宇春的名字都不曾聽説。看的第一場是全國總決選的 10 強入圍賽，看了幾眼後，覺得節目不過如此，便準備換頻道。可就在這時，春春出現在舞台上。她把電影《東成西就》中的插曲改成了為其他選手加油的歌，歌詞非常好玩。當時念頭就是：這女生怎麼這麼搞笑，挺讓人喜歡的。同時春春在台上特別放鬆，特別自然，有着青春少年的放肆和可愛，所以我一下子就被吸引住了。最關鍵在於，她笑起來挺壞的，特別像一個頑皮小孩。我小時候上樹掏鳥窩、追得小男生逃進廁所這種事情沒少幹，我這個從小就調皮的人，看人壞笑一眼就認出了同類。

第二週週末同一時間，我守住了湖南衛視的節目。這天，春春穿着黑色肩帶小背心和白色長褲，清唱了一首《我的心裏只有你沒有他》，非常好聽。在後來的賽區冠軍"友情幫幫唱"的環節中，她淡定地把手伸給同伴 —— 就是這紳士般的一伸手，把我徹底鎮住了，一個女生怎麼能既漂亮又帥成那樣！

就這樣，我由一個從不看綜藝節目的人，變成了 2005 年"超級女聲"的忠實觀眾；我以前喜歡 NBA 球隊的艾弗遜、占士，現在多了一位歌手李宇春。只熱衷於體育新聞的我，開始看湖南電視台的娛樂新聞。"超級女聲"總決賽結束以後，我為內地終於出了可以和港台日韓抗衡的超級偶像而高興，滿心的讚歎和欣賞實在不吐不快。於是，花了一個星期的時間，我很自然地就寫了《李宇春 PK 話筒架[10]》的帖子。

不過，比賽期間我從來沒有參加任何上街拉票的活動，也沒有去遊説別人給春春投票。因為那時只是把春春當作一個難得的偶像和實力兼備的歌手來喜歡和欣賞。

對春春的感情發生質的變化，是在 2006 年湖南電視台跨年演唱會上。那天春春唱了好幾首歌，印象最深的是《Thank You》。唱歌前，她説了一些感謝歌迷的話，讓大家要愛護家人、愛護自己。然後跑到台邊把外套扔下，自己把話筒架扛到舞台中央，一個人站在舞台上，看着下面的歌迷，含着眼淚唱起了《Thank You》。當時的她雖然穿得特別簡單，卻讓我感覺美好得不像是真的。在春春溫暖、體貼的歌唱中，有一種感動猝不及防地包圍了我。

看着她，心裏有些酸酸的，覺得這個"小孩"太過單純了。這種性格在複雜的娛樂圈裏，恐怕會令她的路走得有些艱難。那個時候，我突然意識到，她在我的心中，已經從一個歌手變成了自己家的小孩，會為她擔心，想要保護她。

從決賽到現在，已經一年了，無論是我對春春的感情，還是我自己的狀態，都發生了相當大的改變。原來就是投個票，現在要去看她的個唱現場；原來是正常範圍的喜歡，

---

10 話筒架，即米高峰的架。

現在她是我家小孩；原來該幹嗎幹嗎的喊，現在打算多賺點錢往職業精英發展。

我這個人一向很懶散，可是現在上進多了，因為看演唱會要花錢，花了的錢得賺回來。從前我不願意加班，現在加班我就會考慮了。畢竟不是小孩子了，雖然追演唱會花費並不是太大，但我得做到收支平衡，對自己交待得過去。

另外，春春是"小天使基金"的代言人，也積極參加公益事業，很多"玉米"跟隨她的腳步，有捐款的，有捐血的。國慶日期間我也跑去捐血，倒不全是因為她，也是借着機會了卻一直想要捐血的願望，算是送給自己的一份禮物。捐血有益身體健康，人人都獻出一份關愛，世界會更加美好。

其實，我這個人挺自我的，並不在乎別人理不理解我，也不在乎別人的看法。我一直認為自己得到的比付出的要多，這一年多來做的一切都挺值得的，也過得很高興。這個世界上，找到自己喜歡的事、喜歡的人不容易，感情是用錢買不到的，千金都難買我願意。

追星族追出一個春蕾班 [11]

看到"言承旭春蕾班"六個字掛在鄉村小學教室門口，你會有甚麼感覺？而這只是"全球最愛言承旭家族"這個粉絲團體送給言承旭的禮物之一。他們還於 2003 年 9 月捐款 5 萬元，參加了重慶市婦聯組織的"春蕾計劃"，以偶像的名義幫助失學輟學女童完成求學的夢想。

---

[11] 資訊來源：《大學時代》，2005年第12期，《粉絲：在深情與狂熱之間》。

同年，甘肅蘭州市大砂溝有 200 多畝土地被命名為"言承旭希望林"。從發起的那刻開始，一個月內"家族"就收到了旭迷近 5 萬元捐款。他們還親手帶回了一捧泥土送給言承旭。

事情緣起於 2003 年 1 月 1 日，"全球最愛言承旭家族"和"言承旭港灣"兩大粉絲團體共同捐款，在台灣的《大成報》花了 11 萬元台幣買下半個頭版，為言承旭的生日登廣告，沒想到言承旭卻通過經理人告訴粉絲，不希望他們花太多錢在這上面，不如去幫助那些需要幫助的人。於是一個口號就此印在所有的言承旭的粉絲心裏："最愛言承旭，把愛傳出去"。再於是，言承旭的粉絲將原本要用來給言承旭買禮物的金錢，集資在重慶成立了這個"春蕾班"，用言承旭的名義，讓更多失學的孩子回到學習的道路上。現在，這個口號已經成了"家族"的座右銘，目前全國以明星命名的春蕾班僅言承旭一人。

2006 年 6 月，言承旭春蕾班第一屆學生舉行畢業典禮。這 50 位原本失學的孩童最終完成學業。言承旭除了鼓勵他們要繼續加油之外，更再度捐出 25 萬台幣，在內蒙古成立第二屆的"春蕾班"，期望幫助更多失學的孩子。

青少年追星的積極影響

青少年追星的內容是甚麼？有學者研究發現 [12]，中學生崇拜偶像主要是由於他們認為偶像身上有許多優秀品質，例如

---

12 雷開春，孫洪彬：《關於青少年榜樣教育與偶像崇拜的心理調查與思考》，《青年研究》，2000年第5期，頁30-35。

美麗、熱情、進取、有能力、自信、愛國、無私奉獻、敬業等。許多問卷調查內容也表明青少年追星主要集中在以下幾個方面：

- 外貌形象
- 個性魅力
- 個人成就
- 優秀品質

可見，青少年追星並非完全追求時尚和享樂，而是具有一定的獨立自主性和積極傾向。1999年，由成都大藏文化有限公司組織，在西南地區發行量最大的《都市報》刊登了徵稿啟事，徵集青少年對他們所崇拜明星們的傾訴[13]。在一個月時間內，他們收到了超過3000多封信。從這3000多封來信看，稿件的內容都是健康、積極向上的，沒有一篇是消極而沉淪的。許多來信都訴說了明星給他們克服困難的勇氣和毅力，給了他們人生努力的方向。比如說，一位女同學寫道，在她高考前缺乏信心的時候，是張信哲的歌給了她力量，伴她步入了大學的校門；一位男同學在生活中遇到挫折時，是佐敦永不言敗的意志，讓他重新獲得了生活的勇氣；更有一位中學生把黃家駒的"不再猶豫"作為了他的奮鬥歌。這些鮮活的來信都表明，青少年喜愛歌星，往往是因為偶像的歌聲與他們產生了情感共鳴，就如張信哲一樣；他們喜愛球星，大多是由於球星的奮鬥拚搏精神，鼓舞了他們，就如佐敦一樣；他們喜愛主持人，大多是源於主持人優秀的品行感染了他們，就如倪萍一樣；他們喜愛影星，恰恰是影

13　大藏：《心有星星結》，中國民族攝影藝術出版社，1999年版。

星所塑造的藝術形象被他們所欣賞，就如李連杰一樣。他們的追星都是有方向而非盲目的，他們的"星結"也是樂觀而有益的。

到了 2004 年，在團中央舉辦的"我心目中的中華青春偶像"評選活動中，中國載人航天首飛太空人楊利偉、亞洲第一位 NBA 狀元姚明、鳳凰衛視著名節目主持人吳小莉、網易公司創始人、2003 年"中國百富榜"首富丁磊、著名乒乓球運動員鄧亞萍等五位青春偶像，以最高票數當選為青少年最喜愛的青年時代人物。

楊利偉以絕對的優勢被評為"我心目中的中華青春偶像"第一人，因為"他完成了 13 億中國人飛天的夢想"；籃球明星姚明也榜上有名，理由是："他改變了世界看中國人的高度"；吳小莉則因為"傳播文化的東方女性"而當選；丁磊是"知識創造價值的英雄"，而被無數大學生視為偶像。原來演藝界呼聲很高的劉德華、張曼玉、梁朝偉等明星皆悉數落選，原因是跟以上幾位比較，較缺乏公信力。

而在 2006 年由《中國大學生就業》雜誌對當代大學生追星狀況調查中顯示[14]，最能為教育工作者提供參考的是"偶像在哪些時刻對你有積極作用"的問題。有 50% 的學生選擇"遇到挫折時"，27% 選擇"自我審視時"，16% 選擇"考慮職業發展時"，7% 選擇"學習時"，11% 選擇"其他"。這說明偶像是大學生遇到挫折時的巨大動力。

追星在青少年成長中所扮演的積極作用，主要體現在以下幾個方面：

---

14 王華：《當代大學生偶像崇拜狀況 ——"大學生偶像崇拜狀況調查"報告》，《中國大學生就業》，2006年第9期，頁15-17。

首先，正確追星對青少年自我價值感的成長有着重要的塑造意義。自我價值感是個體在對自己價值的判斷、評價基礎上形成對自己的態度與情感。自我價值感往往以"積極或消極"、"贊成或不贊成"的二擇一的形式表達[15]。對自己基本持積極和肯定態度的，一般具有較高水平的自我價值感；對自己基本持消極和否定態度的，一般具有較低水平的自我價值感。

　　國內有學者對天津市兩所學校初一至高二 233 名中學生，進行追星與自我評價關係的研究[16]。研究顯示中學生的追星可以分為感性型崇拜者、中間型崇拜者和理性型崇拜者三種。其中，感性型崇拜者的學習成績和與同學相處交往能力都表現一般，在對偶像的認知、情感、行為表現等崇拜結構上理性程度最低，但對自我評價明顯優於中間型崇拜者。中間型崇拜者在追星中否定自己的程度最甚，對自己的評價也最低，這種態度對於青少年的成長最為消極和不利。理性型崇拜者在追星和自我評價的態度上最為積極。這類青少年學習努力，能較好地和其他同學相處，在交往過程中也不會特意地追求主導地位。

　　另外有學者從對北京 428 名中學生追星與自我概念的關係研究中也發現[17]，中學生選擇偶像並不完全是以盲目性為主導，而是具有一定的積極性和自覺性。很多被調查的中

15　梁旗：《初中學生偶像崇拜與自我價值感、學業成績關係的研究》，東北師範大學碩士學位論文。

16　李強，韓丁：《中學生偶像崇拜特徵及其與自我評價關係研究》，《心理發展與教育》，2004年第3期，頁23-26。

17　姚計海，申繼亮，張彩雲：《中學生偶像崇拜與學業自我概念、學業成績的關係研究》，《應用心理學》2003年第9期，頁18-23。

學生均認為偶像是學習的榜樣，偶像的良好品質能在精神上給予自己極大的支持。當受到挫折時，可以從偶像身上找尋到前進的動力，從而改正自己的不足。雖然在研究中沒有直接地證明追星行為是促進學業還是干擾學業，但他們的研究發現，有偶像的女生其數學成績顯著低於沒有偶像的女生，崇拜"傑出人士"的男生其語文成績顯著高於崇拜"歌星影星"的男生。

其次，正確的追星對青少年的人際交往，特別是朋輩之間的相處和交融有着重要的促進作用。

國內學者 [18, 19] 通過各自研究證實，有偶像的中學生在同性關係、異性關係的融洽度上顯著高於沒有偶像的中學生，說明中學生的追星行為對其自我概念的發展，尤其是建立良好的同性、異性關係具有重要意義。有追星的中學生更加傾向於對同伴關係和非學業方面的表現作出積極的自我認識與評價。

香港學者通過對是否參加影迷歌迷俱樂部的學生進行對比研究後發現 [20]，那些經常參加俱樂部活動的學生可以受益於羣體之間的互相交流，從而會幫助他們形成相對穩定的同伴關係、地位尊重和價值參照，進而有助於提升他們的自我確認和評價。

---

18 姚計海，申繼亮：《中學生偶像崇拜與自我概念的關係研究》，《心理科學》，2004年第1期，頁55-58。

19 梁旗：《初中學生偶像崇拜與自我價值感、學業成績關係的研究》，東北師範大學碩士學位論文，2005年。

20 Cheng, S. T. (1997). Psychological determinants of idolatry in adolescents. *Adolescence*, 32(127), 687-692.

英國的一項研究亦表明 [21]，對名人的崇拜在這其中發揮着重要作用。研究人員在調查了 191 名 11 至 16 歲的在校青少年後認為，那些十幾歲的追星族，他們通常能調節自己的有效情緒並且擁有較好人緣。大約 30% 的青少年因為對名人的共同興趣而樂於彼此交談，對所喜愛的人物評頭品足，他們的社交時間大多花在這上面。這些孩子除了擁有特別牢固且親密的朋友圈外，同父母的關係也保持在一種健康的情感距離之內。

　　再者，正確的追星對青少年人生奮鬥目標和奮鬥動力，有着一定的激勵作用。

　　我們崇拜偶像，不單指某人已經是別人的偶像了才值得崇拜，更值得崇拜的是，它是如何成為別人的偶像。這種成功的因素能夠為崇拜偶像的青少年指明前進的方向和目標。幾乎每一位青少年都渴望成功，渴望成為引人注目的人物。他們崇拜明星，追隨明星，在明星的成功中發現自己潛藏的素質，逐漸加深對社會對自我的認識。對偶像成功因素的認同，能夠激發青少年自我成長的動力，輔助他們儘快地發現自己，儘快成材。

　　一項研究長沙市 600 名中學生的調查中發現 [22]，認為應該模仿和仿效偶像內在品質的學生佔 27.50%，雖然小於認為應該模仿偶像外表的比例（39.90%），但是在訪談中部分學生也表示：

---

21 引自一可：《"追星"有益青少年成長》，《家庭科技》，2004第12期，頁34。

22 黃創：《當代青少年偶像崇拜與教育對策研究》，中央民族大學碩士學位論文，2004年。

"每當我遇到困難或挫折的時候，只要想起自己崇拜的偶像，我就對自己很有信心。有一段時間，我感到學習很煩惱真的不想再學了，但是我一想到他通過努力所取得的成功，就逼自己認真地學。我總是對自己説，我一定做得像他一樣好。"

　　"讓我們這些原本不相識的朋友在網上結識，為共同的人、目標而努力，與其説是一場戰鬥，不如説是實現夢想，將自己本來無法完成的夢想交給了偶像，覺得只要他們實現了夢想，就等於我們實現了一樣快樂與真實……我想每天快樂多一點，我會支持我心愛的偶像到永遠，大家一起努力，實現我們的夢想。"

追星何時休

　　在青少年追星中，隨着年齡不斷增長，青少年追星的欲望會不斷下降。青少年大概在甚麼年齡階段開始激發起追星的欲望？何時行為及心理表現最為突出？又是在甚麼年齡階段開始降低追星的欲望？這種欲望的降低會不會因明星偶像、傑出人物偶像的類別不同而有分別？這一連串的問題都將在這裏得到回答。

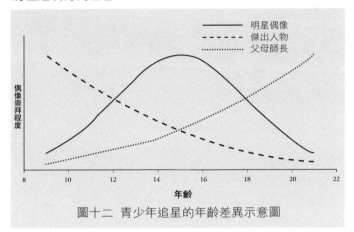

圖十二　青少年追星的年齡差異示意圖

　　根據多年來對青少年追星的跟蹤研究，我發現：

（1）青少年追星一般起始於 12 歲左右，是其青春期心理發展的"附屬品"，具有突出的階段性和過渡性特徵；

（2）青少年追星的年齡差異因偶像類別而異。對明星偶像的崇拜一般會在 14~16 歲達到高峰，並隨着年齡增加而呈下降趨勢；對傑出人物的崇拜會隨着年齡增加、批判性思維的日臻成熟而呈上升趨勢，並在 20~22 歲達到高峰；對父母長輩等身邊人物的即親感（immediate intimacy）會隨着年齡增加、個體的獨立而越發產生，要求擺脫對父母情感依附的要求，呈現明顯的下降趨勢；

（3）青少年追星表現出具有延續性的新時代特徵，對偶像的崇拜會延續到 25 歲之後，甚至 30 歲的成人階段。特別是傑出人物的崇拜，會逐步轉換成榜樣學習。

　　從心理學的角度分析，把崇拜偶像的起始年齡歸納為 12 歲符合絕大多數心理發展理論對青春期的劃分。12 歲是個體由兒童期向成人期過渡的起始年齡，比如在佛洛依德（Sigmund Freud）的精神分析理論中，12 歲是轉移性本能衝動，尋找愛戀對象的開始；在艾里克森的心理社會發展理論（Psychosocial stage theory of development）中，12 歲是建立自我同一性（identity）的開始階段；在皮亞傑（Jean Piaget）的認知發展理論（Cognitive-developmental theory）中，12 歲是兒童開始擁有最高級思維運演的起始階段。所以就此可以相應認為，青少年的追星起源於青春期的開始，是心理由不成熟向成熟轉變過程中的伴隨現象。

　　在 12 歲到 18 歲階段，首先，年齡作用與青少年明星追星的欲望成反比關係，並於 14~16 歲達到高峰。在這一段時期內，由於青春期 "自我中心狀態" 的作用，青少年對理想和現實的區分並沒有如成年人一般完善，批判式的抽象思維能力也尚未形成。受到這一層認知發展的限制，青少年會對自我缺乏清醒的批判認識，從而沉湎於對偶像熱烈的夢幻和瘋狂的追逐之中，而忽略對其成功背後的努力及人格塑造方面的認同。

　　其次，年齡增長與青少年傑出人物崇拜的欲望成正比關係，並隨着批判性思維的日臻成熟而呈現明顯上升趨勢。隨着年歲的增長，青少年的社會認知經歷了一個從簡單到複雜，從對表面特徵的感知到對本質屬性的分析和判斷的發展過程。特別是批判思維能力和抽象概括能力在 16~18 歲開始形成、發展並日趨完善，從而使得他們對偶像的認識以及自己的偶像觀念發生了改變。青少年在對待事物上會逐漸形成客觀理智的態度，從而可以從更加理智的角度看待偶像的成就和個性特點，欣賞其優秀的方面，承認並接受偶像的不足之處。

追星在年齡上延續性的問題，有學者曾經指出"有沒有追星以及崇拜的嚴重程度是衡量一個人是否年輕的標誌[23]"。目前而言，對成年人追星的研究在學術界還是一片空白。隨着社會發展，成人兒童化的潮流也開始大量湧現，這是否意味着"追星的青春期"將會延長呢？如若延長，到多少歲才算是"青春期"的盡頭呢？希望今後的研究可以關注這一個有趣話題，並相應填補空白。

在中學生層面，《經濟早報》於 2000 年 3 月 5 日刊文發表了國內學者對追星的一個小型調查結果。調查發現，32 個五、六年級小學生中選擇影視劇、書本中的角色或親人為偶像的比例達到了 71%。而被調查的中學生則全部在該欄裏填寫了多個偶像人物，且大部分是塗了又填，填了又塗。在被調查的 12~17 歲的 31 名學生中，被提名次數最多的偶像為王菲、蘇有朋、范曉萱、周華健、古天樂、張衛健等影視歌星，愛因斯坦、蘇步青、愛迪生、華羅庚等科學名人雖有被提名但所佔的比例非常低。

學者李強、韓丁於 2004 年對天津市兩所中學初中至高中六個年級的中學生，進行的問卷調查發現[24]，青少年崇拜"著名人士"和"體育明星"的現象會隨着年齡的增加而呈現上升的趨勢，而崇拜"影視歌明星"的人數會隨着年齡的增長而呈現下降趨勢，説明青少年隨着年齡和閱歷的增加，對偶像的選擇會更加趨於理性。

另一位學者石曉輝在 2005 年對南京市四所學校 726 名中學生的調查中，發現同一個個體在不同時期對所崇拜的偶

---

23 宋興川、金盛華：《多元選擇 —— 青少年偶像崇拜研究》，《青年研究》，2002年第11期，第1-7頁。

24 李強、韓丁：《中學生偶像崇拜現象調查》，《中國青年研究》，2004年第3期，頁97-103。

像也會發生變化 25。比如，有一名高二學生曾強烈地喜愛某一喜劇明星，後來隨着年齡的增加，他逐漸喜歡打籃球，因此現在以米高佐敦為偶像，認為他不僅球技高超，而且他身上體現了男性應有的種種品質，如力量、自信、堅韌等。當初自己對那位喜劇演員的一腔熱忱，他認為那位演員誇張搞笑的表演只能帶給他暫時的歡樂，卻無法像佐敦那樣具有意義和深度，可以引領他的個性成長，並且激勵他不斷超越自己。對此，石曉輝的解釋是，青少年隨着年歲的增長，批判思維能力和抽象概括能力相應地得到了提高，社會認知也經歷了一個從簡單到複雜，從對表面特徵的感知到對本質屬性的分析和判斷的發展過程，從而使得他們對偶像的認識以及自己的偶像觀念發生了改變。

石曉輝又進一步指出，同一個體在不同時期不僅在崇拜物件上會發生變化，即使對同一崇拜對象在崇拜原因上也會發生變化，具體體現為在崇拜原因的認識深度和廣度上更加成熟和趨於理性。比如，在他進行的訪談中，有一名高一女生，她最初崇拜一名自己中意的偶像的原因僅僅是因為"他長得帥，他唱的歌旋律好聽"，但是兩年後，她對此的認識已經有了本質變化。現在的她不僅欣賞這位偶像的五官外貌，還注意觀察他的儀態、研究他的服飾搭配；不僅欣賞他的歌曲旋律，也開始仔細品味歌詞尋求共鳴、揣摩他的唱歌技巧。她認為自己對偶像的了解逐漸全面和深入後，對偶像的感情也因此更加豐富和成熟。

在追星的起始年齡上，石曉輝通過調查得出的平均數為11.98 歲 26，其中最小的起始年齡為 4 歲（幼稚園時期），最大的為 17 歲（高一）。並且在訪談中發現，個體生活中的

---

25 石曉輝：《中學生偶像崇拜現狀調查》，《青年探索》，2005年第6期，頁3-8。

26 石曉輝：《中學生偶像崇拜現狀及其發展性研究》，南京師範大學碩士論文，2004年，頁26。

小事件往往會在追星中起到啟蒙的作用。有被訪學生就表示有偶像始於"媽媽給我買了一套名人傳記時"、"當三年級老師讓我們寫《我的理想》的作文時"。

在大學生層面，學者潘一禾認為，追星是青少年在初中階段出現的成長現象，而到了青少年心智發展比較成熟和可以自立的大學階段，則是偶像情結開始弱化或者淡化的時期[27]。因此，在他主持的"青少年流行文化"的課題中發現，確認自己正在崇拜某個明星的初中生佔被調查學生總數的49.3%，高中生佔45.0%，大學生只佔22.1%，呈現出非常明顯的下降趨勢。

《經濟早報》的調查發現，20至25歲之間的大學生羣體所崇拜的對象首選者依然為影視歌明星，同時歷史上的偉人或在某一領域有傑出貢獻的科學家、哲學家的排名也較中學生羣體有明顯的上升。在被調查的50名大學生中，在"曾有的偶像"一欄中有19人選擇明星，佔38%；"現有的偶像"一欄中選擇明星的為13人，佔26%。

《中國大學生就業》雜誌在2006年進行的"當代大學生追星狀況"的調查報告中指出[28]，儘管大多數大學生承認他們在中學階段有過追星的行為，且不同程度地迷戀偶像明星。但進入大學之後，追星越講究實用性。大學生的追星更多的是出於自己今後的發展，將偶像與今後的事業相聯繫，所崇拜的偶像也由以往影視歌明星轉變為商界和政界的偶像。被調查的大學生表示[29]：

---

27 潘一禾：《青少年"偶像崇拜"現象調查報告》，《中國青年研究》，2003年第2期，頁24-33。
28 王華：《當代大學生偶像崇拜狀況──"大學生偶像崇拜狀況調查"報告》，《中國大學生就業》，2006年第9期，頁15-17。
29 周美麗：《大學生偶像語錄》，《中國大學生就業》，2006年第9期，頁20-21。

"不同的羣體、不同的閱歷、不同的文化程度，造就了在對‘偶像’這個詞認識上會有所不同。上幼稚園的時候，我們可能會把百貨商店裏一位笑瞇瞇的漂亮阿姨當偶像；上小學的時候，我們可能會把高年級那位美麗出眾的大隊長當偶像；初中的時候，我們可能會追星。但到了大學，如果我們還把那些娛樂圈的明星當偶像來看，那簡直就是沒有長進。"

　　"有很多同學説自己沒有偶像，我覺得這是正常現象。因為我們漸漸長大了，有獨立思考能力了，有獨立的審美能力，有獨立的判斷和鑒賞能力了。排斥了盲目，排斥了很多非理性的東西。這和我們的學識增長、眼界開闊以及心靈的成熟是分不開的。也許，有時我們會被感動，但我們不會去崇拜了。"

4.6 追星探視：明星榜樣化實驗

就心理學而言，偶像認知（idol perception）泛指人們對所敬仰人物之外，產生內在特徵的認識與理解。而榜樣化偶像認知（emulative idol perception）泛指對人們對偶像的認知側重在其可模仿性、可替代性方面，如偶像的成熟性格、為人、舉止、風度、成就、謀略等人格魅力特徵上，而非在其理想化、神聖化方面，如偶像的美好容貌、身材、動作、髮型、財富、知名度、生活方式等形象魅力特徵上。換言之，榜樣化偶像認知旨在化表層性追星為實質性追星，終而強化對偶像的榜樣學習與認同。

筆者遂於香港及深圳進行實驗，慕求找出更多有關偶像榜樣化的研究資料。該實驗分別在香港選取了 1651 名中學生和深圳選取了 773 名中學生，以偶像巨星劉德華為目標，運用啟動效應（priming effect）的原理，通過框架轉換（frame switching）的實驗方法，揭示劉德華在演藝生涯中奮鬥成功的一面，來強化青少年學習偶像的傾向，從而化非理性、非批判、沉迷式的追星模式為理性的、抽象的、反思的追星模式。

在日常生活中，每個人遇見先前所接觸的提示（exposure）（例如辨識文字或物體）時，隨後的行為表現都會變得比較有效率（例如增加行為表現的正確率或是加速行為的表現），這種啟動理論（priming theory），常被用來研究人類的認知歷程。

學者伯克維茲（Berkowitz）和阿留圖（Alioto）在 1973年做了一組經典的啟動效應實驗[30]。他們給兩組實驗人員在

30　Berkowitz, L. & Alioto, J. T.（1973）. The meaning of an observed event as a determinant of its aggressive consequences. *Journal of Personality and Social Psychology*, 28(2), 206-217.

觀看一場拳擊比賽前，分別提示失利者正面或者負面的特性。結果顯示，受正面特性啟動（primed）的測試者會因"英雄人物"的失利而惋惜，而受負面特性啟動的測試者會因"壞小子"的失利而喝彩。學者基廷（Keating）、蘭道爾（Randall）等在改變美國總統的細微面部形象後發現[31]，測試者對政治領袖的人格影射隨之發生改變。類似的研究，另一批學者康螢儀、趙志裕等利用框架轉換的實驗方法來觀察文化啟動效應[32]。在框架轉換的實驗中，受先行相關提示啟動的參與者（例如，某種特定的文化象徵符號）會因此增強對該種文化的崇敬和接納度。康螢儀、趙志裕等的研究證實[33]，接受中國傳統文化啟動的香港學生會加深對中國社會傳統價值觀的認可。同樣地，學者克默爾米爾（Kemmelmeier）發現[34]，接受美國文化象徵啟動的美國學生會加深對美國獨立自強的文化價值的認同。

實驗結果表明，受成就訊息啟動的學生，比受魅力訊息啟動的學生，出現較高的追星現象。

具體來説，就香港接受測試的中學生而言，除了偶像浪漫化和偶像親密化兩個條目，在成就資訊啟動下的追星得分

31 Keating, C. F., Randall, D and Kendrick, T. (1999). Presidential physiognomies: Altered images, altered perceptions. *Political Psychology*, 20(3), 593-610.

32 Hong, Y., Morris, M., W., Chiu, C., & Benet-Martinez, V. (2000). Multicultural minds – a dynamic constructivist approach to culture and cognition. *American Psychologist, 55(7), 709-720.*

33 Hong, Y. Y., Chiu, C. Y., and Kung, T. M. (1997). Bring culture out in front: Effects of cultural meaning system activation on social cognition. In K. Leung, Y. Kashima, U. Kim and S. Yamaguchi (Eds). *Progress in Asian Social Psychology*, 1. 135-146. Singapore: Wiley.

34 Kemmelmeier, M. (1998). *What's in an American flag? National symbols help reinforce cultural values.* Paper presented at the Annual Scientific Meeting of the International Society of Political Psychology, Montreal, Canada.

均高過在魅力資訊啟動下的追星得分，且偶像理想化與偶像榜樣化的差別具統計顯著性。就深圳接受測試的中學生而言，除了偶像浪漫化的條目，在成就資訊啟動下的追星得分均高過在魅力資訊啟動下的追星得分，且偶像理想化與偶像親密化的差別具統計顯著性。

值得一提的是，接受魅力資訊啟動的兩地中學生，較接受成就資訊啟動的兩地中學生表現出更低的表層性追星意向；而接受成就資訊啟動的兩地中學生，較接受魅力資訊啟動的兩地中學生表現出更高的實質性追星意向。另外，香港中學生在成就資訊啟動下的偶像榜樣化得分，明顯高於在魅力資訊啟動下的得分，且得分與控制組的得分十分接近。這表明，中學生在成就資訊啟動狀況的偶像榜樣化，與控制組之個人自選偶像的偶像榜樣化沒有明顯差距；而內地中學生在成就資訊啟動下的偶像親密化得分，明顯高過在魅力資訊啟動下的得分。最後值得一提的是，兩地學生在魅力資訊和成就資訊啟動下的實質性追星得分，均大大高過他們在表層追星上的得分。這似乎說明，他們對劉德華的崇拜程度均因有關其個人奮鬥、事業沉浮及成功特質的情況介紹而得以提高。

綜上所述，即接受偶像魅力資訊啟動的中學生並沒有出現較高的表層性追星意向，而接受偶像成就資訊啟動的中學生則表現出較高的實質性追星意向。

追星啟動效應的性別差異

就接受測試的男中學生來說，其成就資訊啟動下的得分，明顯高過在魅力資訊啟動下的得分，且全都具有統計顯著性。就女中學生來説，其成就資訊啟動下的得分，只有偶像光輝化、偶像理想化、偶像榜樣化、偶像親密化的得分高過在魅力資訊啟動下的得分，僅偶像理想化的差異具統計顯著性。男中學生在成就資訊啟動狀況下的追星得分，均十分接近自選追星情況的得分。

綜合所述，男中學生的確較女中學生更易受成就資訊啟動效應的影響。

追星啟動效應的地域差異

兩地中學生在表層性追星上沒有表現明顯的地域差異，卻在實質性追星上表現出明顯的差異。深圳男、女中學生的實質性追星得分均高過香港男、女中學生的實質性追星得分。

本研究以劉德華為個案，調查了香港和內地的中學生在偶像認知之啟動效應的情況。結果表明，兩地學生在成就資訊啟動下，對劉德華的整體追星程度均高過他們在魅力資訊啟動下的整體追星程度，並十分接近於控制組自選偶像的崇拜程度。此外，兩地學生對劉德華的表層性追星並沒有隨着魅力資訊的啟動而得以提高，但其對劉德華的實質性追星，卻隨着成就資訊的啟動而有明顯提高。這説明，兩地學生皆會因成就資訊的啟動而強化實質性追星的意向，卻不會因魅力資訊的啟動，而強化表層性追星意向。這一發現不僅證明不同資訊的啟動，可以改變青少年對偶像的認知，也證明成就資訊的啟動效應較魅力資訊的啟動效應，對青少年的影響更為明顯。它突出地證明了榜樣及偶像教育在實施過程中的可操作性。追星是可以轉化為榜樣學習，並可通過偶像認知榜樣化，推動青少年的心智成長。

由此，這項研究清楚地找出了青少年追星行為也有其良好的一面。傳統上，父母與師長均認為追星行為有百害而無一利。成年人不單會擔心孩子在追星過程中，花費金錢購買與歌星有關的產品或演唱會門票等，也擔心孩子們日以繼夜地等待偶像及因為常常出席追星活動而荒廢學業。當然，他們最擔心的是孩子們學習了偶像的不良習慣和人生價值觀，例如過分追求物質生活，沒有腳踏實地做事，在娛樂圈中夜夜笙歌的生活習慣及習染濫藥或性放縱等不良行為。然而，是次研究的結果指出，魅力資訊的影響遠不及成就資訊的影響。作為父母及師長，其實並不需要替孩子或學生過分擔心。相反，我們更應把握青少年追星的機會，啟發孩子尋索偶像的成就資訊，從而讓孩子們明白每位歌影視紅星的成功均必須要努力和逆境自強才能達到。這種互動及啟發的過程，正是一種生命教育的機會，也是榜樣及偶像教育的精華所在。

類似"變天王為華仔"的偶像榜樣化之實驗研究旨在建立一個多元化、層次化的追星模式，以淡化青少年對偶像的膜拜，強化對偶像的榜樣學習，學會從不同層面接受同一位偶像，或從不同偶像身上汲取同一養分。這種多元化的偶像認同方式可促使青少年避免盲目跟隨。

自信、孤獨感及依戀關係

　　儘管在前幾章中已經詳細闡述了偶像崇拜與自信、依戀關係的關係，但是並未過多實證研究支持，尤其是針對偶像崇拜與偶像的表面行為，也會提高青少年追星中的批判意識，降低其盲從性、極端行為表現及依戀關係。因此，2010 年香港城市大學的學生進行了此項實證研究，研究對象為 94 名香港中學生及 103 名香港大學生。此次研究的主要假設如下：

　　1. 參加粉絲俱樂部的人比不參加粉絲俱樂部的人具有更低的自信心。

　　2. 偶像崇拜程度與自信度呈負相關。

　　3. 孤獨感與偶像崇拜程度呈負相關。

　　通過研究發現，對於偶像認同、偶像浪漫化、偶像理想化、偶像親密化及偶像消費，參加粉絲俱樂部的人與不參加粉絲俱樂部的人有顯著差別，上述五項的得分較高，但是參加粉絲俱樂部的人自信度卻更低，僅為 3.04，而不參加俱樂部的粉絲平均自信度為 3.31。

　　針對偶像崇拜與自信度，研究發現，偶像認同、偶像浪漫化、偶像理想化與自信度呈負相關，這表明，對於偶像的認同度越高、越認為偶像完美與浪漫的粉絲，其自信度越低，容易形成自卑情結，而對偶像充滿了超越現實的認知。

　　關於孤獨感與偶像崇拜程度的研究，本研究並無表現出有意義的關聯性。

　　此外，本研究意外發現，不安全依戀（焦慮型依戀、拒絕型依戀、恐懼型依戀）與偶像崇拜存在着一定關聯性。其中，焦慮型依戀與偶像認同、偶像浪漫化、偶像親密化、偶像消費、偶像異性吸引呈正相關，即具焦慮依戀的人，他們由於缺乏安全的依戀關係，認為自己沒有價值，害怕被拋棄，希望他人的支持和接納，但是又害怕現實中的失望，因此，容易為了尋求安全的親密感，陷入不可自拔的偶像崇拜行為。

拒絕型依戀的人，由於對他人的不信任而迴避發展親密關係，因而也不容易發展出偶像崇拜。

具有恐懼型依附關係的人，與偶像浪漫化呈正相關，這是因為自己不夠好，害怕被拋棄，但是又不信任別人，因此害怕與人發展親密關係，從而將自己的情感寄託在對偶像的浪漫幻想中，以求的依戀關係的滿足感。

青少年對於偶像崇拜的正確認知，不僅需要他們自身加以分辨和把握，也需要擁有健康和諧的家庭環境來加以引導，與青少年建立安全互信的家庭關係，才能使得青少年自尊自愛，而發展出積極的自我完善的崇拜。

商務印書館 📖 讀者回饋咭

　　請詳細填寫下列各項資料，傳真至2565 1113，以便寄上本館門市優惠券，憑券前往商務印書館本港各大門市購書，可獲折扣優惠。

所購本館出版之書籍：＿＿＿＿＿＿＿＿＿＿＿＿＿＿＿＿＿＿＿＿＿＿＿＿＿

購書地點：＿＿＿＿＿＿＿＿＿＿＿＿　姓名：＿＿＿＿＿＿＿＿＿＿＿＿＿

通訊地址：＿＿＿＿＿＿＿＿＿＿＿＿＿＿＿＿＿＿＿＿＿＿＿＿＿＿＿＿＿

電話：＿＿＿＿＿＿＿＿＿＿＿＿＿＿　傳真：＿＿＿＿＿＿＿＿＿＿＿＿＿

電郵：＿＿＿＿＿＿＿＿＿＿＿＿＿＿＿＿＿＿＿＿＿＿＿＿＿＿＿＿＿＿＿

您是否想透過電郵或傳真收到商務新書資訊？　1□是　2□否

性別：1□男　2□女

出生年份：＿＿＿＿年

學歷：1□小學或以下　2□中學　3□預科　4□大專　5□研究院

每月家庭總收入：1□HK$6,000以下　2□HK$6,000-9,999　　3□HK$10,000-14,999　4□HK$15,000-24,999　5□HK$25,000-34,999　6□HK$35,000或以上

子女人數（只適用於有子女人士）　1□1-2個　2□3-4個　3□5個以上

子女年齡（可多於一個選擇）　1□12歲以下　2□12-17歲　3□18歲以上

職業：1□僱主　2□經理級　3□專業人士　4□白領　5□藍領　6□教師　7□學生　8□主婦　9□其他

最多前往的書店：＿＿＿＿＿＿＿＿＿＿＿＿＿＿＿＿＿＿＿＿＿＿＿＿＿＿

每月往書店次數：1□1次或以下　2□2-4次　3□5-7次　4□8次或以上

每月購書量：1□1本或以下　2□2-4本　3□5-7本　2□8本或以上

每月購書消費：1□HK$50以下　2□HK$50-199　3□HK$200-499　4□HK$500-999　5□HK$1,000或以上

您從哪裏得知本書：1□書店　2□報章或雜誌廣告　3□電台　4□電視　5□書評/書介　6□親友介紹　7□商務文化網站　8□其他(請註明：＿＿＿＿＿＿＿＿＿　)

您對本書內容的意見：＿＿＿＿＿＿＿＿＿＿＿＿＿＿＿＿＿＿＿＿＿＿＿＿＿

＿＿＿＿＿＿＿＿＿＿＿＿＿＿＿＿＿＿＿＿＿＿＿＿＿＿＿＿＿＿＿＿＿＿＿

您有否進行過網上購書？　1□有　2□否

您有否瀏覽過商務出版網(網址：http://www.commercialpress.com.hk)？1□有　2□否

您希望本公司能加強出版的書籍：1□辭書　2□外語書籍　3□文學/語言　4□歷史文化　5□自然科學　6□社會科學　7□醫學衛生　8□財經書籍　9□管理書籍10□兒童書籍　11□流行書　12□其他(請註明：＿＿＿＿＿＿＿＿＿＿　)

根據個人資料「私隱」條例，讀者有權查閱及更改其個人資料。讀者如須查閱或更改其個人資料，請來函本館，信封上請註明「讀者回饋咭-更改個人資料」

香港筲箕灣
耀興道3號
東滙廣場8樓
商務印書館（香港）有限公司
顧客服務部收